JOGO DO DESEMPREGO NO BRASIL

Na Bolha Capitalista no Início do Século XXI

WAGNER ROCHA ARRUDA CHAVES

Revisão Gramatical
NIARA ROCHA SOUZA CHAVES

Brasil, março de 2021

Sobre o autor e editor:

WAGNER ROCHA ARRUDA CHAVES participou do movimento estudantil universitário e político-partidário, em Recife – PE, pelo fim da ditadura militar (1985), e nas lutas populares pela redemocratização política e econômica no Brasil. Formado em Administração, com mestrado em Economia Política. Trabalhou como professor em faculdades particulares nos estados de São Paulo e do Espírito Santo. Atualmente, trabalha como profissional da Administração na área de Educação na cidade de Vitória – ES.

E-mail: warchaves@gmail.com.

Queira uma vida melhor para você
e para o mundo.
Doralice Arruda Chaves

À vida criativa com
Zoraide Barboza de Souza

SUMÁRIO

PREFÁCIO

A discussão que apresento, neste livro, está consubstanciada na referência, e em questões elementares essenciais, da busca pela ampliação do conhecimento de como explicar e entender as causas e consequências, em sua historicidade, da formação da crescente massa de pessoas desempregadas na progressiva e globalizante dinâmica das forças produtivas capitalistas, que assola o Brasil nesse início do século XXI.

Convivemos perplexos com essa tragédia social depressiva nas ruas das cidades. Nascemos, crescemos e morremos nessa alienante lógica socioeconômica, da qual somos vítimas e agentes reprodutivos. Não se trata apenas de preocupantes cem e até mil pessoas desempregadas nos espaços urbanos e rurais, mas, trata-se na realidade da calamitosa formação social com Dezenas de Milhões de pessoas desempregadas no mercado de trabalho, que se atrofia e se precariza, nessa dinâmica econômica totalizante e autônoma.

Considerando que na sociedade capitalista burguesa apenas se sobrevive – pela compra de alimentação, moradia, vestimentas, transportes etc. –, além das atividades da sustentação da reprodução social nos domicílios em si desvalorizadas atribuídas repressivamente às mulheres (Roswitha Scholz), basicamente com o poder aquisitivo monetário, com o dinheiro que se ganha em salários pela venda da força de trabalho (o dispêndio temporário da energia produtiva de "nervos, músculos e cérebro", pela definição de Karl Marx), ou pela renda ganha como dirigentes executivos nos processos de acumulação do capital na produção de mercadorias.

INTRODUÇÃO

A modernização e globalização das estruturas produtivas – impulsionadas pelas revoluções industriais da máquina a vapor, da eletricidade, do petróleo, da linha de produção em massa, da microeletrônica e da internet – se apresentaram aceleradas no decorrer do século XX. Essa modernização nas empresas e conglomerados produtivos passou a demandar elevadíssimos aportes monetários (atuais bilhões de dólares), possíveis apenas pela dinâmica da concentração e centralização dos grandes capitais globais – por meio de associação e/ou fusão de empresas transnacionais, capitais produtivos e financeiros globais –, amparados, no limite das fontes lucrativas e especulativas privadas, por financiamentos (dívida pública) e logísticas estatais.

Registra-se que a previsão de investimentos na modernização tecnológica da produção, dos negócios em escala mundial, foi estimada em US$ 3,7 trilhões, para o ano de 2018 (em torno de R$ 19,314 trilhões, cotação em 21/07/2020), a serem aplicados pelas empresas globais competitivas (http://www.valor.com.br/empresas/, consulta em 24/02/18).

A título de comparação, o PIB – Produto Interno Bruto, o preço da produção agregada no espaço econômico do Brasil, no ano de 2019, ficou em torno de R$ 7,3 trilhões (IBGE). Ou seja, empresas líderes globais pretendem apenas investir na modernização tecnológica, em capital monetário anual, aproximadamente, quase o triplo, em termos monetários, do que toda a economia brasileira produziu em um ano, sendo esta considerada entre as 10 maiores economias nacionais do mundo.

Em plena era da globalização capitalista no século XXI, no limiar da Quarta Revolução Industrial da Digitalização Microeletrônica e customização produtiva de bens e serviços – cuja produtividade inimaginável no uso dos recursos naturais abriu o Buraco na Camada de Ozônio, vulnerabilizando a Atmosfera que protege o planeta Terra, e assim o extermínio de espécies naturais – e de mercados interligados em tempo real no mundo da internet e das comunicações. Por isso, estaríamos diante da "era do auge supremo do domínio do dinheiro" que se multiplica na sociedade, o "paraíso capitalista". Ou será que esta fase globalizante e totalizante da máquina capitalista representaria o "limite de sua reprodução", "a barreira intransponível à acumulação monetária do capital" (Robert Kurz), cujos abalos e tsunamis de crises crescentes e profundas conduzem à irreversível desvalorização dos recursos humanos e naturais? (!)

A história registra exemplos do desmoronar das formações sociais no tempo, que foram dominantes desde a Antiguidade, tais como as do Egito dos Faraós, da fundadora Democracia-filosófica Grega, do Império Romano, dos Astecas, Maias e Incas das Américas, das Dinastias Chinesas, e dos Tupi e Guarani da América do Sul etc.

Assim como, uma viragem revolucionária, na história moderna, já se pronunciou com a promessa de libertação social das correntes da dominação da máquina de exploração alienante e coisificada capitalista pelo bloco de países do Socialismo Real, liderado pela União Soviética, que foi a esperança de milhões de pessoas no mundo, contudo, colapsou porque fora concebido como "modernização retardatária forçada pela competitividade do capital mundial" (R. Kurz), e assim faliu como ideologia socialista-marxista-ortodoxa e seu correspondente modelo estatizante totalitário.

Considerando que o Sistema Capitalista iniciou seus processos de constituição do mercado monetizado por volta do século XV e se estabeleceu no século XIX a partir da Primeira Revolução Industrial na Inglaterra, seguida de perto pela França e pela Holanda, de onde extrapolaram seus processos imperialistas de domínios territoriais no planeta pela produção industrial de mercadorias para a acumulação monetária capitalista.

Nesse contraditório e imprevisto movimento histórico secular, não seria, nesse momento, ingênuo e desastroso asseverar, quando se observa, como uma pulga em *Tyrannosaurus rex*, as ultrapoderosas e inigualáveis forças armadas imperialistas dos Estados

Unidos da América (USA), em uma frase banal, que a formação social Capitalista certamente não será eterna na história da humanidade! O que virá, nas próximas décadas à vida na Terra, será um espaço constituído ou pela força solidária Crítica e Consciente do Conhecimento e da *Práxis* Social, ou subsumido às forças incontroláveis do mercado capitalista, em crescente desvalorização social, e da natureza em processos destrutivos.

Em síntese, esses são temas e fenômenos em discussão neste livro, com os quais nos deparamos no dia a dia em casa, nas ruas, nas praças e no noticiário, nesse percurso, procuro delinear um cenário como contribuição pontual para a compreensão crítica dos movimentos socioeconômicos contraditórios da sociedade capitalista no Brasil, em progressiva crise lógica e histórica.

Entretanto, utilizo como método a análise de dados e informações socioeconômicas brasileiras e internacionais, baseada em meus estudos e entendimento, obviamente com limitações cognitivas que a todos atormentam, das referências teóricas e categoriais, principalmente, das publicações que compõem a *Crítica da economia política* de Karl Marx; e o *Colapso da modernização* e as *Linhas gerais para uma transformação da crítica da economia política* de Robert Kurz.

1. COMPETITIVIDADE E (DES)VALORIZAÇÃO NO MERCADO BRASILEIRO

Em publicações da CNI – Confederação Nacional da Indústria –, percebe-se a lógica econômica, em termos de proposições organizacionais às possibilidades desejadas de modernização capitalista, e um melhor posicionamento no mercado mundial, contudo sem a devida relação analítica com o problema do desemprego estrutural na sociedade.

Além disso, o paradigma do desenvolvimento capitalista está sendo intensificado pela atual revolução tecnológica caracterizada pela fusão entre microeletrônica e internet, baseada em pesquisas científicas, conhecido pelo padrão de modernização da *Indústria 4.0*. Como informa a publicação da CNI da qual destaco o seguinte:

> "A aplicação em larga escala da digitalização à produção industrial deu origem ao conceito manufatura avançada. Devido aos impactos significativos da digitalização tanto na produção quanto no desenvolvimento de produtos e na forma de se fazer negócio, tais mudanças têm sido consideradas por alguns como a quarta revolução industrial, dando origem ao termo indústria 4.0 como alternativa à expressão manufatura avançada." (CNI: abril/2016, p. 02)

Esse documento da CNI explica que:

> "Manufatura avançada envolve a integração das tecnologias físicas e digitais, a integração das etapas de desenvolvimento, de engenharia da produção e da produção da cadeia até o uso final do produto e os serviços atrelados a este, a operação autônoma de redes. Representa muito

mais que a automação do processo industrial. É, por exemplo, a integração das máquinas e sistemas entre si (inclusive entre fábricas distintas de uma mesma cadeia de suprimentos). É a conexão digital da máquina com o produto." (*Ibidem*)

A CNI (abril/2016) nessa *Sondagem Especial – Indústria 4.0* afirma peremptoriamente que "É certo que as empresas que não adotarem as tecnologias digitais terão muita dificuldade de se manter competitivas" (*Ibidem*). Também assevera que:

"Um dos impactos da digitalização é o aumento da eficiência ou da produtividade do processo de produção. Ao monitorar todo o processo, a empresa consegue alocar eficientemente suas máquinas, identificar problemas rapidamente e reduzir gargalos, otimizar processos, reduzir defeitos nos produtos e até mesmo prevenir problemas antes de construir a planta ou protótipo. Consegue, também, aumentar a eficiência no uso de recursos, como energia elétrica, o que contribui para a redução de custos.

O uso de sensores nas máquinas e nas partes e peças do produto permite a flexibilização da linha de produção e reduz a necessidade de escalas elevadas de produção para se conseguir um custo médio competitivo. Essa tecnologia permite maior customização da produção e, consequentemente, amplia o mercado a ser atendido pela empresa.

A integração dos processos de desenvolvimento e de manufatura, o uso de simulações virtuais tanto de produto como do processo de produção reduz o tempo para um novo produto chegar ao mercado. O resultado é um retorno mais rápido das inovações.

Por fim, a empresa pode embarcar tecnologias digitais nos produtos, viabilizando a criação de novos modelos de negócio e/ou maior interação com os clientes e/ou fornecedores." (*Ibidem*)

Nessas projeções, a CNI, na citada *Sondagem,* não se debruça sobre as possibilidades de impactos depressivos dessa revolução tecnológica na empregabilidade de força de trabalho na indústria, sem mais, discute a questão da necessidade de complexa qualificação de mão de obra especializada para suprir a demanda de força de trabalho das empresas modernizadas, e superequipadas de sistemas microeletrônicos, controladores de processos de produção, e enxutas em contingentes de trabalhadores. Como se infere da *Sondagem*:

> "Entre as barreiras externas, o destaque é a falta de trabalhador qualificado, com 30% de assinalações. As demais opções aparecem com percentuais de assinalações próximos (variando de 24% a 26%), à exceção de falta de normalização técnica e regulação inadequada, que não foram considerados entraves significativos.
> Para as grandes empresas, a insuficiente infraestrutura de telecomunicações do país aparece em primeiro lugar, praticamente empatada com a falta de trabalhador qualificado (30% e 28% de assinalações, respectivamente).
> A importância das barreiras externas varia também entre os setores industriais. A falta de trabalhador qualificado é a principal barreira externa apenas para as empresas dos setores de baixa e média-baixa tecnologia. O setor de Impressão e reprodução se destaca com o maior percentual de assinalações em falta de trabalhador qualificado (43%), seguido de Couros (42%) e Madeira (39%)."
> (*Ibidem*, p. 11)

Continua a CNI na formação de seu cenário, como foco em reduzir custos e aumentar a produtividade, sem incluir a discussão necessária sobre o aumento potencial de desmobilização da força de trabalho na indústria, como segue:

"O foco nos processos produtivos fica ainda mais claro quando se avaliam os benefícios que as empresas esperam conseguir com a adoção de tecnologias digitais. Os dois principais benefícios esperados são: reduzir custos operacionais, opção assinalada por 54% das empresas e aumentar a produtividade, com 50%. Em quarto lugar, aparece otimizar os processos de automação (35%).

Melhorar a qualidade dos produtos ou serviços foi assinalado por 38% das empresas como um dos principais benefícios esperados com a digitalização, o terceiro maior percentual. Em quinto lugar, com 24%, têm-se desenvolver produtos ou serviços mais customizados (ligado ao produto) e melhorar processo de tomada de decisão (ligado à gestão).

Para as empresas de grande porte, melhorar a qualidade dos produtos ou serviços aparece em quarto lugar, com 39% de assinalações. Os três benefícios mais assinalados pelas grandes empresas focam processo: reduzir custos operacionais, com 63%; aumentar a produtividade, com 58%, e otimizar os processos de automação, com 46%. (*Ibidem*, p. 09)

Ao contrário, estimam-se milhões de pessoas analfabetas funcionais no Brasil, em grande parte compõem a população economicamente ativa no mercado de trabalho. No entanto, a prioridade máxima capitalista, diante da competitividade empresarial, dá-se em destinar pesados investimentos, sejam orçamentos empresariais e estatais, na reposição, ampliação e modernização da infraestrutura e dos meios de produção de máquinas e equipamentos produtivos.

A evolução do "Indicador Ipea Mensal de FBCF – Formação Bruta de Capital Fixo" (06/12/2018), que estima fluxos de investimentos em máquinas e equipamentos na economia brasileira, mostra que a partir da crise de 2008, ano da quebra de domínios neoliberais do sistema financeiro global, centrada no mercado dos Estados Unidos da América, esse índice caiu em 2018 para níveis de 2007, próximo de 130 pontos, chegou a marcar 200 pontos em 2013 (sendo outubro de 2000 = 100 pontos). A Dívida Bruta Financeira do Governo brasileiro já passa dos R$ 5 trilhões, próxima do PIB de R$ 7,3 trilhões (2019).

Destacam-se, também, nos processos de modernização da produção capitalista, os modelos de administração baseados na eficiência e eficácia organizacional, e da melhoria contínua dos processos produtivos, tendo em vista a intensa valorização do valor por tempo de trabalho de produção. Intensificação da produtividade baseada em modelos organizacionais, adotados como padrão global, cujas principais referências são o Taylorismo e o Fordismo difundidos pela industrialização nos EUA, da primeira metade do século XX, em seguida passando pelo Toyotismo da modernização recuperadora do Japão, até ao atual paradigma da Indústria 4.0 da microeletrônica e digitalização, liderado pela Alemanha. (Marx: [1890] 1988 vol. IV, p. 65-66; Kurz: 2014; Dal Rosso: 2008; CNI: abril/2016)

Segundo o pesquisador da Sociologia do Trabalho, Sadi Dal Rosso:

"A sociedade contemporânea é sacudida por uma onda de exigências cada vez maiores sobre os assalariados por mais trabalho e por mais resultados. A própria revolução tecnológica – em que nos encontramos neste exato momento – contribui grandemente para que indivíduos sejam, cada vez mais, sugados em suas capacidades de produzir mais trabalhos. Resumimos esse envolvimento superior dos trabalhadores seja física, seja mental, seja emocionalmente na expressão 'mais trabalho'. Intensificar é exigir mais trabalhos e resultados superiores no mesmo espaço de tempo. Significa, portanto, aumentar a exploração do trabalho. [...]
O grau de intensidade pode ser aumentado basicamente de duas maneiras: uma, quando transformações tecnológicas fazem crescer a carga de trabalho; a outra, quando a reorganização do trabalho eleva a carga, na presença ou não de mudança técnica. O aumento do grau de intensidade impulsionado por mudanças tecnológicas ocorre durante os períodos de revoluções industriais, tal como nos dias de hoje com a revolução [da] informática."
(2008, p. 45)

Em apurada pesquisa socioeconômica, *Mais trabalho! A intensificação do labor na sociedade contemporânea* (2008), Sadi Dal Rosso apresenta bases conceituais e empíricas a que se busque um estudo avançado na análise crítica entre o processo de intensificação do trabalho no mercado global, por meio da implantação de modelos organizacionais inovadores, no campo da administração de empresas, e os seus impactos negativos em termos de geração cumulativa de desemprego em massa da força de trabalho no conjunto da economia. A possibilidade de se sobreporem camadas de massas de desempregados à medida que se estabelecem as ondas de intensificação do trabalho nos setores empresariais em nível macroeconômico. Dal Rosso esclarece que:

"A organização que se distingue de outras por produzir melhores resultados compõe aos poucos uma práxis social, um padrão normal de trabalho, uma forma de regulação social do trabalho. A observação empírica mostra que sucessivas práxis sociais do trabalho prevalecem durante períodos longos. Em algum momento, tais práxis entram em crise, seu potencial de organizar o trabalho de modo a produzir mais resultados entra em colapso. Examinando sob a ótica do empregado, as crises dos modos de organização da intensidade se expressam por crises econômicas ou por revoltas sociais. Em geral, as revoltas sociais dos trabalhadores indicam o começo das crises econômicas. Elas são expressão de uma acumulação de descontentamentos, de desconformidades, de exigência de reconhecimento de direitos através do tempo que em algum momento rompem as barreiras da regulação social vigente fazendo sentir todo seu furor e todo seu impacto. A regulação social vigente sob uma determinada práxis vai se desarticulando aos poucos, vai se esfacelando. À medida que as revoltas sociais são suficientemente fortes para desintegrar o tecido das regulações sociais, que representam a normalidade, e as formas de gerir a intensidade do trabalho, ou o trabalho em toda a sua complexidade, que vai desde a exigência de segurança social até a reivindicação de salário mais alto, passando pela melhoria das condições de trabalho, a estrutura econômica como um todo pode entrar em crise, sendo suas expressões mais visíveis a elevação do desemprego, a precarização do trabalho, a desconstituição de direitos, a retração do produto interno, a superprodução, a quebra de firmas e de setores inteiros. Tal crise pode ser de caráter local, regional ou mundial. Esses períodos podem dar origem a guerras e levantes sociais, rupturas de sistemas inteiros e de Estados-nações." (*Ibidem*, p.198-199)

Dal Rosso, na citação acima, discute a dialética da dinâmica contraditória capitalista, que se repercute na luta de classes, principalmente como resistência da força de trabalho em defesa da sobrevivência social, essa é uma constatação da pesquisa empírica, essencial na atualidade. Mas, na perspectiva aqui orientada, ao contrário de ser a revolta da força de trabalho o estopim das mudanças organizacionais, a lógica determinante sistêmica é a da competitividade de mercado entre os capitais individuais por uma maior cota da massa de mais-valia, diante da imparável e insaciável necessidade abstrata e objetiva de acumulação de capital monetário, administrada pelos seus agentes executivos empresariais e estatais, de acordo com Robert Kurz. Esta é a lógica decisiva que conduz os processos do desenvolvimento histórico capitalista, recheados de turbulências, enfrentamentos sociais, e "rupturas de estruturas" que prejudicam a rotação da engrenagem da concorrência, que buscam necessariamente impor a acumulação da massa de trabalho abstrato excedente não pago, implicando em mais lucratividade na economia mundial. Assim, seria idealismo subjetivo marcar o protagonismo da força de trabalho nos movimentos sociais, ou nas lutas de classes, como definidor de mudança de paradigma organizacional de modernização capitalista.

O movimento histórico dos processos da acumulação capitalista, pelo aumento da produtividade social do trabalho, implicou em mudanças na composição orgânica do capital – essas mudanças ocorreram e ocorrem pela preponderância sistemática do volume do capital constante (máquinas e materiais) sobre o capital variável (força de trabalho). Porém, como a lucratividade é gerada pela mobilização do capital variável – emprego de força de trabalho com redução de custos salariais e aumento da produção de valor excedente em mercadorias –, sua redução frente ao capital constante (máquinas e materiais) implicaria na queda proporcional da taxa de lucratividade sobre o capital global investido. Em termos históricos, observar-se-ia uma queda tendencial da taxa de lucro, cuja superposição corroeriam os mecanismos de acumulação de capital até quebrar a engrenagem do sistema capitalista. Marco histórico esse, de autodestruição sistêmica diante da formação assimétrica da composição orgânica do capital global, segundo Robert Kurz, fora alcançado no início do século XXI, baseado no amadurecimento dos processos produtivos globais, marcados pela Terceira Revolução Industrial, dinamizada pela microeletrônica, robótica e internet. (Marx: [1890] 1988 vol. IV, p. 154-7; Kurz, 2014)

2. CRESCENTE DESEMPREGO DA FORÇA DE TRABALHO NA PERSPECTIVA DA *LEI DA QUEDA TENDENCIAL DA TAXA DE LUCRO* DE KARL MARX

A perspectiva teórica delineada por Karl Marx tem por base o efeito sistêmico dialético contraditório, desse movimento histórico, relativo aos processos de modernização capitalista na *composição orgânica do capital*, iniciada como redução relativa, em desenvolvimento, até atingir a *redução absoluta de mobilização de força de trabalho* (Kurz: 2014). Considerando essa Força de Trabalho substituída progressivamente por sistemas automatizados controladores de maquinarias na produção de mercadorias. Consequentemente, em longo prazo, desde o século XIX, como havia sido teorizado por Marx, se observaria *a queda tendencial da taxa de lucro*, em virtude da falta de geração suficiente de mais-valia (ou lucratividade) por conta da formação do crescente desemprego estrutural na economia. Segundo Marx:

> "A lei da queda tendencial da taxa de lucro, em que se expressa uma taxa igual ou até mesmo ascendente de mais-valia, significa, em outras palavras: dado um *quantum* determinado do capital social médio, tomando-se por exemplo um capital de 100, representam-se numa parte sempre maior do mesmo os meios de trabalho [máquinas e materiais] e numa parte sempre menor o trabalho vivo. Como, portanto, a massa global de trabalho vivo agregado aos meios de produção cai em relação ao valor desses meios de produção, assim também caem o trabalho não-pago e a parte de valor em que ela se

representa, em relação ao valor do capital global adiantado. Ou: uma parte alíquota cada vez menor do capital global despendido se converte em trabalho vivo, e esse capital global absorve, portanto, em proporção à sua grandeza, sempre menos mais-valia, embora a proporção da parte não-paga do trabalho empregado, em relação à parte paga do mesmo, possa simultaneamente crescer. O decréscimo proporcional do capital variável e o aumento do capital constante, embora ambas as partes cresçam absolutamente, é, como se disse, apenas outra expressão para a produtividade aumentada do trabalho. (*O capital*. [1890] 1988, vol. IV, p. 157)

Prossegue Marx nessa tese:

"A lei da queda progressiva da taxa de lucro ou da diminuição relativa do mais-trabalho [lucro] apropriado em comparação com a massa de trabalho objetivado [máquinas e materiais] posta em movimento pelo trabalho vivo não exclui, de maneira alguma, que a massa absoluta de trabalho posto em movimento e explorado pelo capital social cresça, que, portanto, a massa absoluta de mais-trabalho por ele apropriado também cresça, tampouco que os capitais que se encontram sob o comando dos capitalistas individuais comandem uma massa crescente de trabalho, e portanto de mais-trabalho, este último mesmo se o número de trabalhadores comandados por eles não crescer." (*Ibidem*)

"A relação se modifica não porque a massa de trabalho vivo cai, mas porque a massa de trabalho já objetivado que ela põe em movimento sobe. A diminuição é relativa, não absoluta, e de fato nada tem a ver com a grandeza absoluta do trabalho e do mais-trabalho postos em movimento. A queda da taxa de lucro não nasce de uma diminuição absoluta, mas de uma diminuição relativa do componente variável do capital global, de sua diminuição comparada com o componente constante." (*Ibidem*, p. 158)

Entretanto, tendo em vista que Karl Marx escrevera sua obra teórica *O capital* vivenciando a Primeira Revolução Industrial da máquina a vapor movida à energia da queima do carvão mineral, na Inglaterra dos anos de 1800, por isso, sob a barreira das oscilações históricas, que entrariam no início da globalização capitalista no século XX, não ousara tanto em prever categorialmente essa saturação das forças produtivas na dinâmica da sociedade capitalista.

Contudo, o que se detonou na realidade foi uma brutal velocidade operacional do desenvolvimento cientificizado da produção de mercadorias, pela automatização abrangente dos processos produtivos, transformados pela Terceira Revolução Industrial da *internet* e da microeletrônica, a partir dos anos de 1970, e, com isso, a desmobilização acelerada e progressiva da Força de Trabalho Assalariada, juridicamente organizada e assegurada. Consequentemente, da redução crescente da produção da massa de seu trabalho excedente não-pago ou mais-valia, ou massa de lucratividade, como Marx designara por *contradição em processo do capital*, a crise imanente se estabelecera nos processos históricos capitalistas globalizados até seus limites absolutos, como assimilados e delineados teoricamente por Robert Kurz (2012).

Na questão do desenvolvimento econômico, e seu limite lógico operacional de acumulação de capital monetário e produtivo, pelos irreversíveis mecanismos históricos de acumulação e globalização do capital, os processos produtivos dinâmicos da *lei da queda tendencial da taxa de lucro* (Marx) fizeram-se presentes, segundo a abordagem teórica de Robert Kurz, na seguinte perspectiva:

"Na realidade, a lei enquanto tal não expressa de modo algum o limite interno da valorização de imediato, como pensam alguns, sentindo por isso vontade de a eliminar da teoria de Marx [...], mas indica apenas a presença da autocontradição interna também na atuação do mecanismo histórico de compensação e apesar do movimento de expansão interna e externa.

O ponto de partida é a já referida relação entre o capital constante e o capital variável. Daí decorre [...] para o capital global ou o plano do valor, algo que Marx designou como 'composição orgânica do capital', ou seja, uma distribuição relativa, em termos de grandeza, do capital constante e variável no âmbito do capital monetário investido (custos prévios). Esta relação também pode ser detectada de forma empírica, em termos materiais e de preço, no capital individual, o que, por seu lado, nada quer dizer relativamente ao plano do valor (do conjunto do capital). Consoante o capital individual, o ramo produtivo, o país etc., esta relação varia muito; para o plano do valor, porém, a única coisa que interessa é a relação global, ou seja, a forma como o capital material e a força de trabalho se compõem no plano global da sociedade. No fundo, é o mesmo problema que na teoria da crise propriamente dita, na mesma medida em que esta é entendida no sentido de um limite interno da valorização que se vai erguendo num patamar cada vez mais elevado". (2014, p. 277)

O paulatino movimento histórico da desproporcionalidade entre a superior formação do capital constante sobre o capital variável, este proporcionalmente declinante, tendo como consequência a formação do desemprego estrutural na economia mundial. Entretanto, o capital variável é trabalho vivo no processo de produção, porque produz mais mercadorias (valores) do que custa em salários, na lógica da valorização, a força de trabalho deve gerar excedente de valor, a mais-valia, que é a origem do lucro. (Marx: [1890] 1988 vol. IV; Kurz: 2014)

Com essa desproporção na *composição orgânica do capital*, cairia no longo prazo a taxa de lucro, e com essa queda emergiriam as crises cíclicas, que evoluíram ao hodierno problema do limite lógico e histórico da valorização da produção capitalista. Robert Kurz teorizou que:

"É evidente agora que, para a taxa de lucro, é decisiva a composição orgânica do capital. Se, no âmbito desta composição orgânica, a quota-parte relativa do capital material ou do capital constante (custos prévios mortos) aumentar e a quota-parte relativa da força de trabalho ou do capital variável (que é o único a produzir novo valor) diminuir, também a taxa de lucro tem forçosamente de descer. Ou, dito por outras palavras: a fim de produzir o mesmo lucro ou mais-valia, são necessários custos prévios mais elevados. [...]
Para o capital global, aplica-se que o desenvolvimento permanente das forças produtivas, determinado pela pressão da concorrência, aumenta imparavelmente a quota-parte do capital material morto, devido à cientificização da produção, e assim também a sua quota-parte nos custos prévios globais. Não se trata de modo algum, por isso, de uma mera possibilidade ou, mais uma vez, de um 'caso' meramente concebível no seio de um processo contingente, mas de uma necessidade absoluta no âmbito de um processo histórico que vai avançando com coerência lógica; assim sendo, trata-se precisamente de uma 'lei' na dinâmica objetivada do fetiche do capital." (2014, p. 278)

O desenvolvimento ou a modernização da sociedade capitalista ocorreu pela reprodução e acumulação do capital monetário investido em processos globalizados de produção de mercadorias, e, simultaneamente, pela realização ou venda da massa de mercadorias produzidas pela correspondente massa monetária. Conforme a explicação de Karl Marx – a valorização do valor-trabalho, que é operacionalizada por meio da concentração dos meios de produção, em grandes plantas produtivas empresariais, que se difundem nos mercados transnacionais. Os materiais são consumidos em grandes lotes nos processos de produção, manipulados pelos coletivos de trabalhadores operando sistemas de máquinas. Em oposição a processos fragmentados, realizados por massas desconectadas de trabalhadores ou que, no máximo, cooperariam em pequena escala. Mesmo os aperfeiçoamentos regulares, ou inovações incrementais, originam-se das experiências compartilhadas pela força de trabalho socializada na produção em grande escala. Bem como, tendo em vista volumosas quantidades de materiais utilizados, afora a frequente poluição ambiental com imensos custos desprezados nas empresas, e, ao mesmo tempo, socializados, abrem-se possibilidades de se obter a reciclagem produtiva de massas de resíduos de processos industriais, que se incluem nas economias de escala. Outras economias foram possíveis nos mecanismos de globalização da acumulação de capital, principalmente até meados do século XX, pela redução do tempo de circulação na comercialização ou realização do capital mercadoria, em que o desenvolvimento da logística de comunicação e do setor bancário foi decisivo na aceleração da rotação do capital, extensiva e intensivamente, incorporando territórios, e ampliando a margem de massa de apropriação de mais-trabalho e da lucratividade nessa fase histórica de globalização capitalista. (Marx: [1890] 1988, vol. IV, p. 53-64)

Pela fundamentação feita por Karl Marx:

"O processo de produção capitalista é, essencialmente, ao mesmo tempo, processo de acumulação. [...] Com o progresso da produção capitalista, a massa de valor, que precisa simplesmente ser produzida, conservada, aumentada e cresce com a elevação da produtividade do trabalho, mesmo se a força de trabalho empregada permanece constante. Mas, com o desenvolvimento da força produtiva social de trabalho, cresce ainda mais a massa de valores de uso produzidos, dos quais os meios de produção constituem uma parte. E o trabalho adicional, por meio de cuja apropriação essa riqueza adicional pode ser retransformada em capital, não depende do valor, mas da massa desses meios de produção (inclusive os meios de subsistência), já que o trabalhador no processo de trabalho nada tem a ver com o valor, mas com o valor de uso dos meios de produção. A própria acumulação, e a concentração de capital que ela implica, é, porém, em si mesma, um meio material de elevação da força produtiva." ([1890] 1988, vol. IV, p. 158-159)

Prossegue Marx, nesse destaque, incluindo a discussão da formação histórica do excedente populacional de força de trabalho, que se apresenta nos processos históricos das revoluções industriais, o que está relacionado ao atual paradoxo do desemprego estrutural, e, com este, da queda tendencial da taxa de lucro, bem como da massa de lucro na economia capitalista, como segue:

"Nesse crescimento dos meios de produção está, porém, implícito o crescimento da população trabalhadora, a criação de uma população correspondente ao capital excedente e que em linhas gerais sempre sobrepasse suas necessidades, portanto uma superpopulação de trabalhadores. [...] Da natureza do processo capitalista de acumulação – que é apenas um momento do processo de produção capitalista – segue, portanto, por si, que a massa aumentada dos meios de produção destinada a ser transformada em capital encontra sempre à mão uma população trabalhadora, correspondentemente elevada e mesmo excedente, explorável. Com o progresso [globalização] do processo de produção e de acumulação a massa de mais-trabalho apropriável e apropriado tem de crescer, e portanto a massa absoluta de lucro apropriado pelo capital social. Mas as mesmas leis da produção e da acumulação elevam, com a massa, o valor do capital constante em progressão crescente de modo mais rápido do que o da parte de capital variável convertida em trabalho vivo. As mesmas leis produzem, portanto, para o capital social uma massa absoluta crescente de lucro e uma taxa decrescente de lucro." ([1890] 1988, vol. IV, p. 158-159)

A marcha do desenvolvimento da produção e da acumulação capitalista condiciona processos de trabalho em escala cada vez maior, segundo K. Marx, e em processos de *crescente concentração dos capitais,* caracterizados pelo aumento exponencial do *capital fixo empregado, assim como a das matérias-primas e auxiliares, em proporção crescente em face da massa do trabalho vivo empregado. (Ibidem,* p. 156-159)

Nesse método da crítica da economia política pela exposição do objeto, diante da precarização socioambiental totalizante, dos mecanismos históricos capitalistas, como contradição em processo, que implicam no desemprego massivo global, Marx esclarece:

"Com o decréscimo relativo do capital variável, portando, com o desenvolvimento da força produtiva social do trabalho, é necessária uma massa cada vez maior do capital global para pôr a mesma quantidade de força de trabalho em movimento e absorver a mesma massa de mais-trabalho. Por isso, na mesma proporção em que se desenvolve a produção capitalista, desenvolve-se a possibilidade de uma população trabalhadora relativamente redundante, não porque a força produtiva de trabalho social *diminui,* mas porque ela *aumenta,* portanto não por uma desproporção absoluta entre trabalho e meios de subsistência ou meios para a produção de tais meios de subsistência, senão por uma desproporção que se origina da exploração capitalista do trabalho, pela desproporção entre o crescimento cada vez maior do capital e sua necessidade relativamente decrescente de uma população crescente." (*Ibidem*, p. 161)

Com isso, Karl Marx apresenta a seguinte formulação relacional do evolver histórico da acumulação do Valor Global (Capital e Produção), cuja composição orgânica divide-se proporcionalmente em investimentos em Capital Constante expandido em oposição ao Capital Variável em declínio, portanto:

"Em outras palavras: para que o componente variável do capital global não só permaneça o mesmo de modo absoluto, mas cresça absolutamente embora sua percentagem enquanto parte do capital global caia, o capital global tem de crescer em proporção maior do que aquela em que cai a percentagem do capital variável. Ele tem de crescer tanto que, em sua nova composição, necessite não só da antiga parte variável do capital, mas ainda, mais do que esta, para a aquisição de força de trabalho." (*Ibidem*)

A modernização da produção capitalista, o desenvolvimento econômico, principalmente no decorrer do século XX, foi potencializada através de imensos aportes de investimentos monetários, com base na apropriação da massa de mais-valia crescente, na formação bruta de capital fixo, ou capital constante, e consequentemente o decréscimo relativo mas progressivo da mobilização da força de trabalho produtivamente rentável. Principalmente, pelo contínuo aperfeiçoamento da maquinaria e na descoberta de novas fontes de energia, fruto dos investimentos em pesquisa e desenvolvimento tecnológico (P&D), aplicados na inovação incremental e radical de novos materiais e de modelos de máquinas eficientes interligadas e sob controle automatizado.

Em sua teoria da crítica da formação e limite histórico da sociedade patriarcal alienante e coisificada, em suas categorias determinantes operacionais, em que se insere o desproporcional evolver da *composição orgânica do capital*, que conduz à *crise do limite interno da acumulação de capital*, Robert Kurz explica que:

"O verdadeiro capital global é, também e precisamente nesta perspectiva, algo de qualitativamente diferente de um capital individual ideal-típico. Contrariamente ao que se passa com o capital individual, o crescimento do investimento social global de $c + v$ [onde c = capital constante, e v = capital variável] é condição *sine qua non* para toda a capacidade de reprodução e acumulação ulterior. Qualquer redução desse investimento global significa que se eleva a barreira interna, que se torna absoluta se a tendência não voltar a inverter-se. Num contraste crasso com a esperteza do capital individual, que sempre se encontra numa relação apenas relativa com a massa global do valor desconhecida e irrefletida, o capital social global não pode curar-se encolhendo. Neste plano, um encolhimento é sinônimo de crise, e um encolhimento sustentado equivale ao colapso do sistema que, nesse caso, também cilindra o capital individual supostamente esperto, visto que o seu cálculo imanente se torna irrelevante." (Kurz: 2014, p. 287)

Prossegue Robert Kurz definindo, nessa fase de giro em falso do capital especulativo inflacionário, dessubstanciado de valor-trabalho, no início do século XXI, as *linhas gerais para uma transformação da crítica da economia política*:

"A queda tendencial da taxa de lucro não é, por isso, idêntica a uma subida de igual modo tendencial da massa de lucro absoluta; este nexo compensatório aplica-se apenas a um estágio histórico limitado no desenvolvimento da dinâmica capitalista e da sua contradição. [...] Logo, a diminuição relativa da força de trabalho face ao capital material traduz-se numa diminuição absoluta da força de trabalho ainda aplicável (produtiva na perspectiva do capital), tendo em conta o padrão de produtividade alcançado, ou seja, a queda (relativa) da taxa de lucro também se traduz na queda absoluta da massa de lucro absoluta (do capital global ou, em Marx, do 'capital social'). A lei consiste então em que o capital passa tendencialmente para um estado em que já não consegue cumprir a sua própria lei de acumulação de 'riqueza abstrata." (2014, p. 281)

A modernização histórica da economia capitalista, ou o desenvolvimento econômico transnacional, essencialmente durante o século XX, encontra seus fatores dinâmicos nas forças produtivas, mediante a industrialização e a capacitação tecnológica. Esse desenvolvimento é baseado na capitalização generalizada da divisão social do trabalho e na manipulação de ecossistemas naturais.

No entanto, esse conhecimento histórico é mais problemático do que a ciência positivista consegue alcançar ideologicamente. O positivismo está preso à camisa de força da polaridade entre subjetividade versus objetividade, amplamente divulgada pelas ciências sociais liberais, cuja ideologia dominante aprisionou o conhecimento marxista. Ao se discutir a *crítica teórica da dissociação-valor na lógica objetiva da sociedade capitalista*, de acordo com Roswitha Scholz, passamos a entender que:

"Não é simplesmente o valor (mais-valia) como sujeito automático que constitui a totalidade, mas tem de ser tido igualmente em conta o 'fato' de que no capitalismo também ocorrem atividades de reprodução realizadas sobretudo pelas mulheres. Correspondentemente, a dissociação-valor significa que as atividades de reprodução, no seu cerne determinadas como femininas, bem como os sentimentos, qualidades, atitudes (emotividade, sensualidade, solicitude entre outras) ligadas a tais atividades, estão dissociados justamente do valor (mais-valia) e do trabalho abstrato. As atividades femininas de reprodução no capitalismo têm um caráter diferente do trabalho abstrato; por isso não podem ser subsumidas ao conceito de trabalho sem mais. Trata-se de um aspecto da sociedade capitalista que não pode ser detectado pelo aparelho conceptual marxiano. Este aspecto é estabelecido em conjunto com o valor (mais-valia) e pertence-lhe necessariamente; por outro lado, no entanto, está localizado do lado de fora do valor, sendo por isso mesmo o seu pressuposto. Valor (mais-valia) e dissociação estão assim numa relação dialética recíproca. Um não pode ser derivado do outro, mas ambos procedem um do outro. Nessa medida a dissociação-valor pode ser vista como uma lógica de ordem superior, que ultrapassa as categorias interiores à forma do valor." (julho 2013, p. 03)

O limite histórico da modernização capitalista é abordado teoricamente por Roswitha Scholz, tendo por base a objetivação anacrônica das categorias subjetivas da dissociação das atividades de reprodução social, condicionadas às mulheres, em mútua determinação à desvalorização do trabalho abstrato, como demonstrado pelos fenômenos de estresse profundo das relações sociais, segundo a autora:

> "Ora, como se relacionam mais precisamente do ponto de vista da dissociação-valor a contradição em processo, a mais-valia (relativa) e o desenvolvimento das forças produtivas? 'Enquanto a massa dos produtos gerados por unidade de tempo continua a aumentar, simultaneamente a capacidade de consumo – que na forma capitalista só pode ocorrer como PODER DE COMPRA – de preferência desce, devido ao desemprego e à pressão sobre os salários (por meio da concorrência das trabalhadoras e trabalhadores assalariados entre si) ou em todo o caso não consegue desenvolver-se na mesma medida que as forças produtivas. Isto significa que também a estrutura de dissociação sexual é afetada, uma vez que as funções reprodutivas conotadas como femininas em parte ocorrem na esfera do consumo ('trabalho doméstico'). Pois o consumo não é um simples deglutir, mas ele

próprio está ligado com atividades reprodutivas que não são representadas na forma do 'trabalho abstrato'/do valor em dinheiro. Na sequência, também a atividade profissional das mulheres no espaço do 'trabalho abstrato' aumentou secularmente; não só por causa da fome devoradora da máquina de exploração capitalista por novo material humano, mas também devido à redução do poder de compra, o que trouxe uma compulsão para dois ou mais assalariados por família – à custa das funções reprodutivas, mas em última instância à custa das mulheres nela envolvidas estruturalmente ('dupla carga'). Nessa medida, a expansão capitalista foi sempre associada a momentos de autodestruição dos seus próprios pressupostos' (Kurz, 2005, p. 55, destaque no original). Aqui a feminilidade dissociada pode ter uma 'função lubrificante' no domínio profissional e em todos os outros domínios públicos, na medida em que constitui a estrutura básica do patriarcado capitalista em geral (Kurz, 2005, p.37)." (*Ibidem*, p. 04)

Prossegue Scholz nesse largo passo da crítica teórica aos domínios científicos positivistas liberais e suas vertentes marxistas:

"A dissociação-valor como princípio social fundamental e ao mesmo tempo histórico-dinâmico em mudança, combinada com o desenvolvimento das forças produtivas em todo o caso nela baseado, mina o seu próprio fundamento, a reprodução feminina na esfera privada. Assim, continua a ser necessário determinar a dissociação-valor como princípio formal constitutivo da totalidade social no seu novo significado histórico – o que por sua vez inclui novamente, numa figura também mais desenvolvida pós-moderna, as dimensões material, sociopsicológica e cultural por igual e, portanto, também todos os domínios da sociedade, dizendo assim respeito ao todo social. Note-se: é a lógica fundamental EM PROCESSO da dissociação-valor, nomeadamente através do desenvolvimento da mais-valia relativa, mediado com o desenvolvimento das forças produtivas e a contradição em processo a ele associada, que em última instância faz ruir o sistema." (*Ibidem*, p. 06)

A sociedade capitalista burguesa, como modelo subjetivo e objetivo de dinâmica social, sustenta-se e reproduz-se por meio do trabalho assalariado referencialmente masculinizado e, por outro lado, em polo oposto, sustenta-se e reproduz-se socialmente nas atividades familiares e domésticas não remuneradas, em si desvalorizadas, impostas às mulheres (Roswitha Scholz). O fator econômico é a dependência da venda contratual da força de trabalho por salário em dinheiro, e com esse dinheiro serão comprados os bens e serviços necessários à sobrevivência das pessoas e famílias! Atenção! Se a concorrência capitalista força as irreversíveis revoluções tecnológicas da produção empresarial pela lucratividade, atualmente investindo bilhões de dólares em sistemas eletrônicos e digitais, consequentemente desempregando milhões de trabalhadores, a manutenção e reprodução da sociedade burguesa torna-se inviável, com isso a miséria e a violência social se propagam ferozmente pelo Brasil e pelo mundo! Essa é a discussão que se pode encontrar nas teorias de Karl Marx, Robert Kurz e Roswitha Scholz, como opção da crítica teórica da dissociação feminina e do valor-trabalho capitalista androcêntrico, pela via da transformação social consciente!

3. A CRISE DO ELEVADO E CRESCENTE DESEMPREGO ESTRUTURAL NO BRASIL

O Brasil, seu território e sua gente, foi assimilado precariamente, em espaço e contingente populacional restritos, nos processos da globalização capitalista. Esta já em si na crise progressiva de desmobilização de força de trabalho no mundo, que se movimenta na valorização do valor-trabalho, em escassez, na irreversível produção automatizada de mercadorias atomizada pela concorrência dos capitais empresariais transnacionais, que acumulam trilhões de dólares em investimentos nos mercados, sejam nos ramos interrelacionados da agroindústria, dos serviços e das finanças. Estão concentrados espacialmente e ficam sob a proteção administrativa e militar dos poderosos aparatos estatais basicamente nos Estado Unidos da América e na Europa Ocidental.

Diante desse quadro estabelecido e dinamizado pelas categorias globais capitalistas, com o objetivo de delinear tendências, relativas à mobilização produtiva da força de trabalho seguindo os investimentos em máquinas e materiais, do cenário empírico na economia brasileira, utilizo o método de análise qualitativa de interrelações da evolução dos seguintes indicadores macroeconômicos: PIB – Produto Interno Bruto, FBCF – Formação Bruta de Capital Fixo e PEA – População Economicamente Ativa; a partir de dados agregados, dos anos de 2002 e de 2017, publicados pelo IBGE – Instituto Brasileiro de Geografia e Estatística. O objetivo, nessa restrita análise fenomenológica em economia nacional, é o de refletir posições secundárias e periféricas da orientação metodológica, amparada em Robert Kurz, a seguir referenciada:

"É um fato que o plano categorial das relações de valor global não é passível de uma representação empírica imediata, o que, assim, se aplica também à taxa de lucro e à massa de lucro. Mas não deixam de existir determinadas tendências que podem ser depreendidas indiretamente da empiria, até mesmo dos levantamentos estatísticos, se os colocarmos em relação com o plano do valor que não é expresso por eles. Para tal [...] até existe um parâmetro especialmente significativo, a saber, a chamada intensidade do capital. Através dela se exprimem os custos médios por posto de trabalho, ou seja, os custos empíricos prévios, para se poder aplicar um elemento da força de trabalho de forma rentável. Nesse coeficiente aparece, se bem que filtrado por diversos fatores empíricos, o momento da aplicação relativa de capital material morto (capital constante em Marx) no plano dos custos – ou seja, retém-se quantas unidades monetárias têm de ser despendidas para a compra de maquinaria, técnica de regulação e controle etc., e outros agregados materiais por elemento individual da força de trabalho para, de algum modo, poder aplicar esta última de forma rentável. E esta intensidade do capital foi claramente objeto de um crescimento progressivo no longo prazo, como pode ser demonstrado com base nos levantamentos efetuados em todos os países

industrializados e, além disso, no plano mundial
e nas séries históricas. (Kurz: 2014, p. 288-289)

Para compreender a evolução histórica dos
indicadores econômicos selecionados e relativos ao espaço
brasileiro, à luz das categorias teóricas da *crítica da
economia política*, até aqui discutidas, de capital constante,
capital variável, composição orgânica do capital, força de
trabalho, mais-valia, lucro, desenvolvimento econômico,
crise da modernização capitalista no âmbito das *linhas
gerais para a transformação da crítica da economia
política*. A fundamentação conceitual desses indicadores,
que representam dados históricos empíricos, secundários e
periféricos, não corresponde diretamente às categorias
teóricas acima abordadas. Essa já é uma limitação ao
conhecimento preciso e conjuntural da realidade econômica
nacional, fenomenológica e restrita, por isso, trato esta
pesquisa como cenários e tendências históricas da dinâmica
autônoma dos processos que objetivam a reprodução e
acumulação capitalista, cuja força motriz e padrão lógico
dominante situam-se em nível do espaço global.

Utilizo, nessa perspectiva, o indicador macroeconômico do PIB – Produto Interno Bruto, que representa o somatório dos preços agregados dos bens e serviços produzidos anualmente no território brasileiro – utiliza-se como referência da categoria teórica do Valor da Produção, que é estritamente mundial, contudo, especulativamente, sugiro aqui como recorte nacional anual. O PIB: *É a medida do total do valor adicionado bruto gerado por todas as atividades econômicas* durante o ano (IBGE). Temos também o indicador da FBCF – Formação Bruta de Capital Fixo, visto arbitrariamente aqui como Capital Constante ou Capital Material, que representa portanto: *Os acréscimos ao estoque de bens duráveis destinados ao uso das unidades produtivas, realizados em cada ano, visando ao aumento da capacidade produtiva do País* (IBGE). Para a representação aleatória da categoria teórica do Capital Variável, levanto o indicador da PEA – População Economicamente Ativa, formada pelo contingente potencial em atividade como Força de Trabalho, tratam-se de *Pessoas com 10 ou mais anos de idade*, sejam temporariamente ocupadas ou desocupadas produtivamente (IBGE).

Tabela: Variação dos Indicadores do PIB – Produto Interno Bruto, da FBCF – Formação Bruta de Capital Fixo e da PEA – População Economicamente Ativa do Brasil nos Anos de 2002 e de 2017 (intervalo de 15 anos)

Indicador/Ano	2002	2017	Variação (%)
PIB – mercado (R$ milhão, a preços de 1995) (1)	208.853	292.450	40
FBCF (R$ milhão, a preços de 1995) (1)	38.339	50.294	31
PEA (mil pessoas, dezembro) (2)	86.055	104.419*	21
PEA Ocupada (mil pessoas, dezembro) (2)	78.179	91.449*	17
PEA Desocupada (mil pessoas, dezembro) (2)	7.876	12.970	64
PEA Ocupada Homens (mil pessoas, dezembro) (2)	45.877	51.802*	13
PEA Ocupada Mulheres (mil pessoas, dezembro) (2)	32.302	39.647*	23

Fonte: IBGE – Instituto Brasileiro de Geografia e Estatística. (1) https://sidra.ibge.gov.br/tabela/6613 – *Brasil Contas nacionais trimestrais com ajuste sazonal.* (2) *Pesquisa nacional por amostra de*

domicílios 2002: microdados. Rio de Janeiro: IBGE, 2003. *Ano de 2017 – *Pesquisa nacional por amostra de domicílios contínua* – Tabela: Características adicionais do mercado de trabalho.
Nota: Esta tabela foi sistematizada por WRAC.

No início do século XXI, por um período de 15 anos, entre os anos de 2002 e 2017, o PIB brasileiro situou-se entre as 15 maiores economias do mercado global, por isso o entendimento conceitual de estarmos diante de um quadro de dinâmica com a finalidade de desenvolvimento ou modernização capitalista no Brasil. Considerando o fato histórico do país se situar em uma região periférica do capitalismo mundial, que é a América do Sul, em relação à América do Norte e à Europa Ocidental, que compõem o centro do capitalismo desenvolvido. Portanto, trata-se aqui da análise da evolução de indicadores econômicos de processos da modernização atrasada de um país subdesenvolvido.

Infere-se da observação da variação histórica dos indicadores da produção e seu resultado em produto no espaço nacional, o nítido crescimento, cujos indicadores são de espectro macroeconômico, tanto o PIB como a FBCF –

utilizando-se os dados a preços do ano de 1995 com o objetivo de neutralizar efeitos inflacionários, e ao mesmo tempo, facilitar a comparação dos números absolutos interanuais. O PIB, o preço do produto agregado anual no Brasil, variou positivamente em 40%, ou um crescimento médio de 2,6% ao ano, que representa basicamente a manutenção do mesmo plano econômico estrutural atrasado. Enquanto a FBCF, os investimentos em máquinas e equipamentos, cresceu modestos 31%, ou um crescimento médio reprodutivo de 2,0% ao ano, passados 15 anos entre 2002 e 2017. O que se pode deduzir, dessa evolução da estrutura produtiva, seria a questão de o crescimento da produção nacional não ter sido puxada principalmente pelos Investimentos, que parecem ter sido fatores apenas de atualização da reprodução da base produtiva, enquanto a importação de capital produtivo e de bens de consumo, via endividamento financeiro de empresas e governos, também teriam destaque nesses processos de crescimento econômico.

O levantamento de dados sobre a Força de Trabalho no Brasil melhor se adequou à utilização da PEA, por ser o indicador que representa a estimativa do conjunto dos trabalhadores ocupados e desocupados na economia, com idade acima de 10 anos, que foram remunerados de alguma forma no período definido pela pesquisa conduzida pelo IBGE. A População Economicamente Ativa, nesse período, variou positivamente 21%, ou um crescimento médio limitado de 1,4% ao ano, a população estimada saiu de 86,055 milhões pessoas, em 2002, para 104,419 milhões pessoas, em 2017. Enquanto a PEA Ocupada cresceu restritos 17%, um crescimento modesto e insuficiente para a dinamização de produção e consumo no mercado interno, passados 15 anos, representado por um crescimento médio vegetativo de 1,1% ao ano, a população estimada engajada na produção era de 78,179 milhões trabalhadores, em 2002, e somou 91,449 milhões trabalhadores, em 2017.

Os alertas do aprofundamento das crises recessivas, no mercado capitalista brasileiro, agravam-se quando tratamos dos dados da PEA Desocupada, que representa a população desempregada na economia brasileira, nesse período. Observa-se que a massa de desempregados cresceu acentuados 64%, um crescimento alarmante como fator recessivo na dinamização de produção e consumo no mercado interno, passados 15 anos, que se traduz por um crescimento médio de 4% ao ano, o número estimado de desempregados consistiu em uma massa de 7,876 milhões desocupados, em 2002, e cresceu para aterradores 12,970 milhões desocupados na economia brasileira, em 2017.

Esse quadro da dinâmica macroeconômica aponta tendências voltadas às teses da *crítica da economia política* de Karl Marx, especificamente na *lei da queda tendencial da taxa de lucro*. Porque o fator econômico inaugural, essencial e decisivo nos processos de desenvolvimento do capitalismo no mundo é a exploração progressiva da força de trabalho assalariada, que é o fator vivo na acumulação do capital, único a gerar valor novo, mais-valia, pelo trabalho excedente gerado no conjunto da economia global, é a massa abstrata e objetiva de valor-trabalho que é representada materialmente pelo dinheiro, como base monetária, e nestes termos corresponde à lucratividade geral que torna possível a acumulação do capital empresarial, sua modernização tecnológica e globalização de mercado. Se essa força de trabalho sofre da redução numérica, relativa e absoluta, de sua mobilização produtiva, pela lógica irrefreável e irreversível da competitividade capitalista, reduzindo com ela a geração da massa da lucratividade na economia, o sistema produtivo entra em recessão, em crises sucessivas e cumulativas.

Nesse período, entre os anos de 2002 e 2017, firmam-se nos processos globalizados os mecanismos da Terceira Revolução Industrial movida pela microeletrônica e *internet*, e assim torna-se alarmante a estagnação do sistema econômico no espaço brasileiro, que esforçadamente se reproduz, basicamente concentrando em alguns espaços empresariais e de consumo a modernização produtiva, e abandonando vários setores a lenta autodestruição, desse modo, abandonando contingentes populacionais de força de trabalho desempregada no longo prazo, por isso, boa parcela dessa população cai na mendicância ou passam a compor as hordas da violência social fora da lei democrática, consequentemente abarrotando o sistema prisional há muito estagnado no país.

Desde logo, notam-se os mecanismos contraditórios da dinâmica econômica da progressiva crise sistêmica capitalista, teorizados por Karl Marx, em sua Lei da Tendência de Queda da Taxa de Lucro, nessa análise da evolução dos respectivos indicadores. Levando-se em conta que a força de trabalho é o único fator vivo na produção de mercadorias, por meio do trabalho excedente, bem acima do que recebe como salário, gera a mais-valia, ou valor excedente produzido, que de fato significa o lucro monetário levantado no mercado, em todo o espaço econômico totalizante, após a dedução dos custos investidos, e contabilizados em seus preços finais, na base material produtiva de máquinas, equipamentos e insumos materiais.

Porque, na economia brasileira, enquanto a produção nacional de mercadorias cresceu 40%, a força de trabalho cresceu apenas 21%, ou seja, o indicador do resultado do preço agregado do produto cresceu expressivos 90% acima da expansão do indicador da força de trabalho engajada no mercado produtivo. Ao concentrar a análise e desagregar os dados da produção de mercadorias em nível nacional, temos que o agregado de capital constante, que representa os investimentos monetários em máquinas e equipamentos, cresceu limitados 31%, tendo em vista o ideal do desenvolvimento econômico, todavia, superior ao crescimento da força de trabalho efetivamente empregada, que cresceu restritos 17%, ou seja, o capital material de meios de produção cresceu 82% acima da variação positiva da força de trabalho empregada, no período pesquisado em intervalo de 15 anos.

Nesse período, na economia brasileira, afirma-se a tese de Karl Marx na qual a lógica irreversível pela competitividade empresarial, da formação desproporcional da Composição Orgânica do Capital, cresce historicamente ampliando acentuadamente a infraestrutura produtiva de máquinas e materiais, enquanto reduz relativamente o crescimento da mobilização de força de trabalho empregada na produção de mercadorias.

A possibilidade da relação conceitual e objetiva entre os indicadores de investimentos monetários em máquinas e equipamentos (FBCF) e de força de trabalho empregada (PEA Ocupada) permite-nos observar relativamente, conforme indicado por Robert Kurz, a evolução da disponibilidade de capital constante por trabalhador na produção, em condições lucrativas da concorrência de mercado. Assim, teríamos o preço de R$ 490,00 em investimentos materiais disponíveis por trabalhador no ano de 2002, e, com o passar dos anos, o preço de R$ 550,00 no ano de 2017, portanto, decorridos 15 anos, observamos um crescimento irrelevante, para os padrões do capitalismo moderno globalizado, de 12% nessa relação em que se busca a formação competitiva do capital constante – investimentos em máquinas e equipamentos –, diante do menor crescimento do capital variável – mobilização de trabalhadores.

Contudo, mesmo nessa análise de dados em espaços restritos e defasados, expõe-se a lógica abstrata incontrolável da tendência evolutiva contraditória das engrenagens produtivas capitalistas, cuja meta transcendental é a insana acumulação de capital material e monetário, pela qual a sociedade e a natureza são apenas fatores de produção, a serem descartados como sucatas, por isso ser um sistema econômico da contradição em processos de crises cumulativas, como fora teorizada por Marx em sua *crítica da economia política* do liberalismo, desde a metade do século XIX.

Essencialmente, e em outra perspectiva crítica, complementarmente às teorias de Karl Marx e de Robert Kurz, ao mesmo tempo complexa e desanuviada, é possível deduzir, da análise da evolução desses indicadores da economia brasileira, a percepção do movimento obscuro da dissociação feminina, a lógica ideológica e objetiva do impedimento relativo das mulheres em participar da dinâmica da organização produtiva dos processos de trabalho da valorização capitalista, da maneira como esse roteiro analítico assimila e discute a teoria de Roswitha Scholz: as categorias do trabalho e do valor e, em geral, da economia e da sociedade capitalista são objetivamente e ideologicamente de domínio masculino; enquanto as mulheres foram historicamente empurradas forçosamente para as atividades domésticas e familiares dissociadas da vida pública da economia e da política, obscurecidas, não valorizadas, entretanto, necessárias à manutenção e reprodução social no capitalismo.

Portanto, esses são custos sociais efetivos não contabilizados, ou falseados, e com isso em geral não remunerados, que tendem a liberar o potencial crescente da lucratividade da produção econômica de mercadorias. Da mesma forma, também, são tratados e escondidos os custos da destruição da natureza na engrenagem produtiva da valorização lucrativa.

Nessa perspectiva, procuro analisar criticamente a evolução dos dados históricos dos indicadores da População Economicamente Ativa Ocupada, ou a força de trabalho

empregada na economia brasileira nos anos de 2002 e de
2017 (IBGE), em pleno século XXI da total globalização
capitalista, a era do real "Iluminismo da Civilização
Democrática", o auge da produção científica e tecnológica
para o desenvolvimento econômico nos mercados
transnacionais. Sendo assim, desagregando os dados da PEA
em trabalhadores homens ocupados e trabalhadoras
mulheres ocupadas na produção de mercadorias na
economia brasileira, temos os seguintes resultados: a força
de trabalho de homens foi estimada, no ano de 2002, na
população ocupada de 45,877 milhões de trabalhadores,
enquanto a população ocupada de mulheres correspondeu a
reduzidos 32,302 milhões de trabalhadoras, a diferença aqui
é de expressivos 13,575 milhões postos de trabalho "a
favor" dos homens, que se suporia até como força repressora
impeditiva do crescimento do emprego de mulheres na
economia; para o ano de 2017, passados portanto 15 anos de
"processos civilizatórios democráticos", a força de trabalho
de homens fora estimada, com baixo crescimento, na
população ocupada de 51,802 milhões de trabalhadores,
enquanto a população ocupada de mulheres correspondeu a
restritos 39,647 milhões de trabalhadoras, a diferença aqui

mantém-se, embora com leve queda, em expressivos 12,155 milhões postos de trabalho estruturalmente "a favor" dos homens.

Com isso, não seria exagero analítico, com referência à R. Scholz, atribuir essa preponderância masculina sobre os domínios da economia capitalista, em sua evolução histórica, à lógica repressiva e objetiva do impedimento relativo das mulheres em participar da dinâmica da organização produtiva dos processos de trabalho da valorização capitalista, e nessa relação contraditória necessária à reprodução social como base dialética à valorização do valor, serem as mulheres historicamente empurradas forçosamente para as atividades domésticas e familiares, não valorizadas, e assim em geral não remuneradas, na sofrível e estagnada reprodução social no capitalismo.

Considera-se também os reflexos da crise econômico-financeira global que apareceram precisamente, nos resultados dos indicadores dos anos de 2008-2009, período que é o epicentro da crise detonada no mercado dos EUA – Estados Unidos da América, e que se difundiu pelo mundo, em uma segunda fase, aos países desenvolvidos da

Europa – Inglaterra, França, Itália –, e em sua terceira fase, aos países periféricos da mesma Europa – Irlanda, Grécia, Espanha e Portugal, e segundo, Paul Krugman (2009), em sua quarta fase, aos países emergentes subdesenvolvidos principalmente da América Latina e Ásia.

No caso do Brasil, a teia do mercado de capitalismo global (Furtado: 1998) incorporou de fato a economia brasileira em seu ambiente de crise financeira e recessiva. O índice de negócios da Bolsa de Valores de São Paulo (Ibovespa) teve uma queda profunda no ano de 2008. A variação do PIB tornou-se negativa em 2009, já como um quadro recessivo, o valor *per capta* cai também nesse ano. A variação da Formação Bruta de Capita caiu acentuadamente em 2009, correspondendo a uma queda na Taxa de Investimento. E a participação no PIB do *superavit* da Balança Comercial também caiu em 2009.

Segundo o IBGE (2011), a variação do PIB já desacelerara o crescimento de 2007 para 2008, e decresceu em 2009. Essa desaceleração não se deu de maneira uniforme entre os setores da atividade econômica. Na Indústria, caiu o nível dos estoques, bem como o volume na formação bruta de capital fixo, juntos compõem a formação bruta de capital, que caiu fortemente em 2009. O grupo Serviços cresceu, neste as atividades de intermediação financeira cresceram 7,8%, favorecido também pela manutenção das despesas de consumo final das famílias. O setor da Agropecuária registrou queda em volume. Com a adoção de uma política econômica anticíclica, o Governo incentivou os investimentos produtivos e gastos com consumo, com uma política creditícia expansionista e de desoneração fiscal da produção – nesse sentido, aproxima-se das formulações anticrise de Krugman (2009) e Stiglitz (2010) –, resultado, o PIB recuperou-se em 2010, com o crescimento de 7,5%, e manteve-se positivo em 2011 com 2,7%.

No início de 2009, de acordo com o IBGE (2011), o Governo reduziu as alíquotas de IPI – Imposto sobre Produtos Industrializados de insumos para a construção civil. O volume de crédito destinado à habitação aumentou em 42%, com o volume acumulado de recursos financeiros em R$ 72,5 bilhões. Essas medidas contribuíram para o desempenho da atividade fazendo com que o valor nominal da produção (formal e informal) se expandisse 17,4% em relação a 2008. O emprego manteve-se estável em torno de

6,9 milhões de postos de trabalho no segmento da construção civil, que é uma área estratégica para manter aquecido o mercado interno de bens de consumo e de imóveis.

O desequilíbrio da Balança Comercial, problema estrutural segundo Furtado (1999) para países subdesenvolvidos, ressurgiu com essa crise recessiva global. A queda na demanda externa prejudicou fortemente o desempenho da Indústria a partir de 2008. Os dados do IBGE (2011) revelaram que o volume das exportações de produtos industriais caiu 12,2% em 2009, no caso de máquinas e equipamentos (-) 38,1%, aeronaves (-) 24,8%, ferro-gusa e ferro-ligas (-) 43,1%, minério de ferro (-) 12,6%, e de automóveis (-) 38,1%, contudo, no caso de automóveis, houve uma compensação com o aumento da demanda interna impulsionada pela redução do IPI e aumento do crédito.

As medidas ortodoxas de reforma monetária desde o Plano Real (1994), com vistas às metas inflacionárias e controle da variação cambial, fizeram com que o regime creditício ficasse sob estreita margem expansionista por meio de elevadas taxas de juros, com isso, tornando atrativo o mercado financeiro brasileiro aos investidores do capital financeiro especulativo global, assim assegurando uma relativa vantagem comparativa dinâmica ao mercado de capitais no Brasil (Furtado: 1998; Krugman: 2009).

De acordo com o IBGE (2011), manteve-se o crescimento do segmento de Intermediação Financeira e de Seguros. Com o estouro da bolha especulativa financeira nos EUA, em 2008, o Governo brasileiro interveio no mercado financeiro por meio de medidas anticíclicas (Krugman: 2009; Stiglitz: 2010):

1. Ampliou o volume total das linhas de crédito em 2009, que representou um aumento de 15,2% sobre 2008;

2. Operou desonerações fiscais, que assegurou a estabilidade na geração de emprego e o crescimento da massa salarial;

3. Disponibilizou recursos para projetos habitacionais, de infraestrutura e de capital de giro – no caso de

pessoas jurídicas –, e crédito consignado em folha de pagamento, aquisição de automóveis e de habitações – no caso de pessoas físicas.

O consumo, que é um fator destacado por Krugman (2009) para ser bem ativado a fim de se obter uma demanda agregada necessária para que a economia não aprofunde a recessão e, ao contrário, retorne ao crescimento da produção e do emprego, em 2008 representou 79,1% do PIB, ganhou participação, passando a 83,5% do PIB em 2009, e 81,7% em 2010. Segundo o IBGE (2011), a despesa com o consumo final das famílias e da administração pública foram os principais responsáveis por essa recuperação do poço da recessão econômica, sendo uma recessão prolongada vira depressão com a desvalorização socioeconômica incontrolável e falências regionais.

4. O BRASIL PERIFÉRICO NA DINÂMICA HISTÓRICA DO DESENVOLVIMENTO CAPITALISTA ASSIMÉTRICO

O desenvolvimento econômico capitalista, conceito para elevada capacidade expandida de produtividade econômica, foi processado historicamente em nível espacial, abrangente e hegemônico, que se concentrou em limitado território em nível mundial, qual seja, na perspectiva do século XX, nos Estados Unidos da América (USA), no norte da Europa Ocidental e no Japão. Todavia, esse modo de produção, pela necessidade intrínseca de acumulação de capital monetário na dinâmica da intensificação e expansão produtivas, reproduz-se em menor escala em espaços econômicos continentais para além daquele perímetro, que passaram a ser subsumidos pela lógica e nos mecanismos de acumulação do capital global. Essas regiões e seus países, que ficaram como observadores e secundarizados desde a Primeira Revolução Industrial, são caracterizados como mercados dependentes, subdesenvolvidos ou emergentes, configurados na industrialização retardatária, entre os quais se encontra o espaço econômico do Brasil.

Quanto a essa configuração assimétrica capitalista, Robert Kurz apresenta a seguinte síntese:

> "O desenvolvimento do capital rumo ao capital mundial foi um processo desigual e assíncrono. Daí resulta, por sua vez, uma nova complexidade, visto que, em primeiro lugar, as crises de imposição posteriores já não se encontravam mediadas com a constituição na circulação primordial e as respectivas contradições [colonialismo, mercantilismo e escravagismo anacrônicos etc.], mas com a esfera mais desenvolvida da 'realização' sob a

forma do mercado mundial que, na sua forma embrionária, determinava o 'movimento em si mesmo' do capital ainda antes do surgimento de economias nacionais capitalistas. Em segundo lugar, a desigualdade e assincronia do desenvolvimento capitalista também perduraram com base nos seus próprios fundamentos. Assim, por exemplo, as crises associadas às relações entre o capital europeu já constituído e as colônias nas Américas do Norte e do Sul, contrariamente às ocorridas na Ásia e sobretudo em África, já não representaram simples crises de imposição no embate com formas de reprodução pré-capitalistas. Em ambas as Américas que foram afinal colônias europeias, já formadas no âmbito do capitalismo, a passar por um processo de desenvolvimento próprio que produziu fenômenos de crise específicos no relacionamento no mercado mundial com as 'metrópoles' (que em breve deixariam de o ser)." (2014, p. 217)

Na América do Sul, a produção agrícola latifundiária (de açúcar, cacau, algodão, café etc.) e a extração de materiais minerais (prata, ouro, sal etc.) para exportação foram fatores produtivos do primeiro impulso para a acumulação interna de capital, desde o século XVIII.

Consequentemente, dessa produção inicial de *commodities* dependeu a estruturação produtiva manufatureira e a constituição dos mercados nos espaços geopolíticos nacionais. A demanda econômica externa, que dinamizou as exportações para os mercados do núcleo central dos países capitalistas, como base da organização produtiva das economias nacionais, imprimiu o "crescimento assimétrico industrial" (R. Kurz), em escala reduzida, nos padrões capitalistas vigentes. Segundo esses parâmetros, o impulso externo ao demandar volumes cada vez maiores de produtos exportáveis, reclamou combinações diversificadas na produção das mercadorias, que lideravam a pauta industrial de exportação, intensificando a expansão da base de produção e potencializando a produtividade. Acrescente-se o reforço da produção em escala, ancorada em "vantagens comparativas do comércio exterior" (David Ricardo), necessárias para a obtenção das "rendas diferenciais próprias do setor primário" (Karl Marx), cujo capital resultante seria investido em boa medida em implantação de processos de industrialização. Por outro lado, a massa de salários e de mais-valia, os investimentos, e outras remunerações criadas no setor de exportação, representaram o pulsar inaugural das metamorfoses do capital monetário que alargou as fronteiras do mercado interno (Celso Furtado: 1976).

Esses fatores, segundo Celso Furtado, provocaram intensas alterações na arcaica estrutura de produção primário-exportadora mercantilista, como combustível para os processos de implantação capitalista no século XIX. A industrialização incipiente, caracterizada pela produção de bens de consumo não duráveis – alimentos, vestuários, bebidas, embalagens etc. –, desenvolveu-se nessas regiões ao lado da remanescente base econômica exportadora de produtos agropecuários e matérias-primas. Processaram-se, nessa dinâmica, modificações substanciais na composição das importações oriundas dos países centrais do capitalismo. Se antes eram os manufaturados não duráveis de consumo, vindos do exterior, os que definiam a pauta de importação, nas fases de reorganização progressiva da base econômica nacional, nesse momento, tratavam-se de meios de produção e produtos intermediários os que eram demandados pelas economias que se industrializavam de modo retardatário, no século XX.

Com isso, as formações capitalistas subdesenvolvidas sul-americanas avançaram por meio da sua incorporação, subordinada e dependente, às estruturas econômicas mundiais, assimilando as regras produtivas, comerciais e as necessidades de acumulação do mercado capitalista, em fase de globalização, através dos processos de industrialização operados pelos conglomerados transnacionais, oriundos dos países do núcleo central do capitalismo desenvolvido. (Furtado: 1976, p. 123-126)

Contudo, na linha da economia liberal heterodoxa referenciada por John Maynard Keynes, Celso Furtado, em sua elaboração teórica, insistiu no idealismo da disponibilidade pelo Estado da política macroeconômica como solução para o planejamento do desenvolvimento capitalista nacional, com base no pleno emprego dos fatores econômicos - "terra, trabalho e capital" –, como plataforma ao estado de bem-estar social massificado – no que diz respeito à alimentação, moradia, saneamento, educação e saúde –, plataforma essa – de pleno emprego dos fatores econômicos e do estado de bem-estar social – que não fora alcançada pelo Brasil e nenhuma nação sul-americana até os dias atuais.

Assim, baseado na vertente heterodoxa liberal do planejamento econômico estatal, Celso Furtado procurou se diferenciar dos agentes capitalistas que promoviam a compulsiva alienação social neoliberal, essencialmente sem mediações com a sociedade, que cultuavam a indomável e insubstituível lei da competitividade concorrencial empresarial e da desregulamentação da contratação de força de trabalho, bem como da plena disponibilidade produtiva dos recursos naturais, a serem processados em múltiplas plantas produtivas atomizadas, em razão direta da acumulação de capital monetário nos espaços globalizados, pela lógica da valorização massiva e intensiva do valor-trabalho, dessa forma a apropriação totalizante pelo capital global da massa de mais-valia gerada nesses espaços de mercados neófitos, cuja população nativa é mobilizada à força repressiva, muitas vezes desenraizadas de suas regiões, para o trabalho na produção de mercadorias.

Os processos de modernização expansiva do mercado capitalista – globalização –, dada a elevada quantia de capital financeiro necessário aos investimentos produtivos, subordinou necessariamente ao capital global o crescimento da industrialização dos países subdesenvolvidos na América do Sul, África e Ásia (Furtado: 1998). Essa industrialização retardatária ocorreu por meio de endividamento público-estatal e privado, negociado com o capital financeiro mundializado (Chesnais: 1998). A produção anual da economia nacional, a ser negociada ou realizada nos mercados interno e externo, deveria atingir uma rentabilidade superior aos custos do endividamento, em termos de pagamento de juros e amortizações, e ainda assim, assegurar padrão de lucratividade para novos investimentos na intensificação tecnológica em máquinas e materiais, dado o padrão da competitividade mundial. A meta histórica para se alcançar os padrões de desenvolvimento do chamado Primeiro Mundo não fora factível, nem para o "segundo mundo" do bloco "Socialista" do Leste europeu, nem para o "terceiro mundo" abaixo da Linha do Equador, daí que desde os anos de 1980 se observar o fenômeno da desindustrialização nessas regiões retardatárias do capitalismo global (Cano: 2012; Kurz: 1997).

Entretanto, também outra estratégia malsucedida para superar o subdesenvolvimento fora a formação de *clusters* para exportação – do tipo das maquiladoras da fronteira entre o México e os EUA –, que se apresentou com baixo efeito de multiplicação na estrutura produtiva regional, sem a promoção da "demanda efetiva" (J. M. Keynes) suficiente à dinâmica dos fatores do desenvolvimento socioeconômico – ampliação do emprego, do consumo de mercadorias em massa e da infraestrutura socioeconômica urbana: logística de transportes, de energia, de comunicação, de educação, de saúde, de moradia etc. (C. Furtado: 1998)

Na perspectiva teórica da crítica da dissociação e do valor capitalista, a industrialização nos países subdesenvolvidos é caracterizada, por Robert Kurz (1992), como *recuperadora*, que procura se aproximar dos padrões de desenvolvimento capitalista das nações ocidentais do chamado "primeiro mundo". Para isso, processos de estatização da industrialização modernizadora foram fatores determinantes, diante da ausência, no setor privado, de capital monetário em volume suficiente ao investimento necessário.

A tabela, apresentada a seguir, demonstra a magnitude do fosso econômico comparando o somatório do preço anual agregado da produção de mercadorias, em dólares de 2011, tendo a "paridade de poder de compra" para reduzir os efeitos inflacionários, do PIB (Produto Interno Bruto) do Brasil (subdesenvolvido) com o PIB dos Estados Unidos da América (desenvolvidos), como se nota, a diferença numérica é muito acentuada, e mantém-se historicamente o fosso das "estruturas econômicas assimétricas".

Tabela: PIB/PPP (PPP – Paridade de Poder de Compra) do Brasil e dos EUA – Estados Unidos da América nos Anos de 1990 e de 2016.

País	PIB/PPP (US$ trilhão, EUA em 2011)		
	1990	2016	Variação (%)
Brasil	1,545	2,912	88
EUA	9,252	17,214	86

Fonte: Banco Mundial – Dados (The World Bank Data): https://data.worldbank.org/indicator/NY.GDP.MKTP.PP.KD, pesquisa em 12/11/2017.
Nota: Tabela sistematizada por WRAC.

Os agentes econômicos produtivos empresariais, e principalmente o Estado, no Brasil, iniciaram uma mobilização nacional em busca do desenvolvimento da industrialização capitalista, que se globalizava na base do taylorismo e do fordismo, desde a década de 1940. Contudo, como se observa na tabela acima, após 50 anos, já na década de 1990, o PIB brasileiro era de consideráveis US$ 1,545 trilhão, porém ainda bem inferior ao PIB estadunidense que era de US$ 9,252 trilhões.

Nesse quadro, apesar do crescimento anual da industrialização brasileira, com efeito, não fora suficiente com a finalidade de alcançar o almejado padrão de desenvolvimento dos EUA, que se tornara líder industrial, financeiro e principalmente militar, do "imperialismo capitalista global", cuja moeda-padrão do mercado global é o Dólar. A partir do ano de 1990, o mesmo fenômeno econômico se repete, após 26 anos, como se infere dos preços do PIB do ano de 2016, registrados na referida tabela, agora já na era da revolução industrial da microeletrônica, do auge do capitalismo turbinado, a diferença é vertiginosa entre os polos nacionais do Brasil, ainda com restrita modernização econômica, que reflete o preço modesto do PIB (US$ 2,912 trilhões), diante da supremacia capitalista dos EUA (US$ 17,214 trilhões). O preço da produção dos EUA continua superior em 6 vezes em relação a geração do produto anual no Brasil, passados 26 anos de processos turbulentos, reprodutores e recuperadores, de modernização capitalista.

Provavelmente, como se observa desse passado recente secular da globalização, seja pouco provável que a equalização do desenvolvimento capitalista entre esses polos nacionais "assimétricos da modernização" ocorra historicamente. O que se verifica em termos de dinâmica econômica no Brasil, com referência a Robert Kurz, é o restrito incremento da atualização de processos produtivos da modernização econômica do capitalismo, que atingira seu limite intrínseco global, no início do século XXI. Ou como na teoria de Celso Furtado, verifica-se um grande esforço produtivo cujo resultado traduz-se apenas em um restrito crescimento econômico brasileiro, embora integrado ao capital transnacional, contudo, ainda bem distante da dinâmica hegemônica do desenvolvimento que se deduzira do limitado espaço produtivo do núcleo central do capitalismo mundializado.

Recentemente, o Colapso Financeiro detonado pelo estouro de uma bolha especulativa de papéis derivativos de hipotecas *subprime* (ofertadas ostensivamente inclusive a pessoas de baixa renda ou em trabalhos precários) do mercado imobiliário dos Estados Unidos da América (EUA), gerou uma grande recessão econômica, a partir de 2008. Rompeu as fronteiras norteamericanas e agravou a reprodução dos processos de acumulação de capital monetário, com isso, conduzindo milhões de pessoas ao desemprego e à pobreza na economia globalizada. (Stiglitz: 2010)

É a pior crise financeira que atinge os mercados das economias desenvolvidas centrais desde a Grande Depressão dos anos de 1929-33, entre a Primeira e a Segunda Guerra Mundial. Já no caso dos países subdesenvolvidos (Furtado: 1998), as crises econômico-financeiras assolaram esses mercados por 124 eventos estimados apenas entre os anos de 1970 e 2007. "A crise atual pôs a nu a existência de falhas essenciais no sistema capitalista" (Stiglitz: 2010, p. 22). "Os grandes inimigos da estabilidade capitalista sempre foram a guerra e a depressão." (Krugman: 2009, p. 15)

Paul Krugman parece desviar as motivações das crises – guerra e depressões – da dinâmica própria do sistema capitalista, diferentemente de Stiglitz que atribui às "falhas essenciais no sistema capitalista", com isso, de passagem, faz lembrar Karl Marx (1988) quando este analisa o papel do crédito nos processos de reprodução e acumulação capitalista:

> "Se o sistema de crédito aparece como a alavanca principal da superprodução e da superespeculação no comércio é só porque o processo de reprodução, que é elástico por sua natureza, é forçado aqui até seus limites extremos, e é forçado precisamente porque grande parte do capital social é aplicada por não-proprietários do mesmo, que procedem, por isso, de maneira bem diversa do proprietário, que avalia receosamente os limites de seu capital privado, à medida que ele mesmo funciona. Com isso, ressalta apenas que a valorização do capital, fundada no caráter antitético da produção capitalista, permite o desenvolvimento real, livre, somente até certo ponto, portanto constitui na realidade um entrave e limite imanentes à produção, que são rompidos pelo sistema de crédito de maneira incessante. O sistema de crédito acelera, portanto, o desenvolvimento material das forças produtivas e a formação do mercado mundial, os quais, enquanto bases materiais da nova forma de produção, devem ser desenvolvidos até certo nível como tarefa histórica do modo de produção capitalista. Ao mesmo tempo, o

crédito acelera as erupções violentas dessa contradição, as crises." (p. 318)

Essa abordagem de Marx, da segunda metade do século XIX, acima exposta, poderá até ser comparada pontualmente por análise atual que faz, o keynesiano liberal esclarecido, Stiglitz (2010) dos fatores que conduziram ao estouro do colapso financeiro de 2008, segundo ele:

"A maior parte das grandes empresas não tem um proprietário único. Tem múltiplos acionistas. Hoje, a principal distinção está em que os que são proprietários em última análise (os 'acionistas') são, em alguns casos, cidadãos que operam através de diferentes agências públicas e, em outros, cidadãos que operam através de diversos intermediários financeiros, como fundos de pensão e fundos mútuos, sobre os quais costumam ter pouco controle. Em ambos os casos, ocorrem problemas significativos de 'agenciamento', que derivam da separação entre a propriedade e o controle: os que tomam as decisões nem sofrem as consequências dos erros nem colhem os proveitos do êxito." (p. 290-291)

O processo de globalização, para Celso Furtado (1998), conformaria um cenário de tensões socioeconômicas estruturais, em que se manifestam no aumento das taxas de juros praticadas nos mercados financeiros, consequência inclusive da "inflação virtual da economia norte-americana", em que se verifica o longo declínio da taxa de poupança mais o elevado *deficit* na conta-corrente do balanço de pagamentos. Inclui-se nessas tensões estruturais, o processo de integração dos mercados da Europa, o que fortaleceria a competitividade dos grandes grupos econômicos da região, mas debilitaria os instrumentos de política macroeconômica dessas nações, como os de política monetária e creditícia. É o que se pode inferir do que ocorreu com o recente colapso econômico da Irlanda, Grécia, Itália, Espanha e Portugal. Ao contrário do que vem ocorrendo com as opções de política econômica anticíclica adotada pelos EUA, como país autônomo e com moeda própria, com a grande vantagem de ser o dólar a moeda de referência dos negócios internacionais.

Há consenso entre esses autores keynesianos – Furtado (1998), Krugman (2009) e Stiglitz (2010) – de que o enfraquecimento do poder político-econômico em que os Estados nacionais foram circunscritos, pela onda ideológica neoliberal dos anos de 1980 e 1990, liderada pelo *lobby* das empresas transnacionais e grandes grupos financeiros, sob a égide dos governos dos EUA e da Inglaterra, está na base das causas que gestaram essa grande crise. A reestruturação dos mercados, com a concepção neoliberal, ocorreu pela desregulamentação financeira – a eliminação de regras de controle da circulação de capitais e de garantias institucionais aos pequenos poupadores e investidores –, pela abertura comercial das fronteiras nacionais com a desoneração da circulação de mercadorias, e pela livre movimentação dos fatores de produção – principalmente pelo uso desregrado dos recursos humanos, que beira o trabalho escravo, e dos recursos naturais, com a devastação ambiental.

Na questão da desregulamentação financeira, há diferença entre Krugman e Stiglitz na abordagem do problema da estrutura operacional dos mercados financeiros e suas instituições.

Para Krugman (2009), as instituições mais precárias e desregradas, os fundos de investimento, que constituíram o "sistema bancário paralelo", foram os responsáveis pelo calote de valores da massa de poupadores, que criaram e negociaram "papéis derivativos tóxicos", e conduziram à bancarrota o sistema bancário americano, e por tabela o europeu, que fora reestruturado após o fim da Segunda Guerra Mundial, e, por consequência, desembocou nessa brutal recessão do sistema produtivo internacional.

No entanto, para Stiglitz (2010), o sistema bancário paralelo teria sido promovido sob os auspícios do sistema bancário estruturado, portanto, compartilhariam as responsabilidades pelos negócios financeiros fraudulentos. E ambos os autores concordam em caracterizar o FED (Banco Central do EUA) como inepto e submisso aos banqueiros de *Wall Street* nesse processo.

Por outro lado, Robert Kurz (2009), baseado na crítica da economia política de Karl Marx, enfatiza que é preciso destacar a "Crítica à própria lógica do crescimento. Um crescimento econômico ilimitado duradouro será impossível." Como já fora alertado em 1972, o "Clube de Roma" publicou o estudo de Donella e Dennis L. Meadows sobre os "Limites do Crescimento" econômico, cujos argumentos enfatizaram o problema do consumo das reservas de matérias-primas, do esgotamento do solo explorado em escala pelas agroindústrias e a aplicação produtiva de insumos tóxicos, "já tematizado por Marx", o que repercute na destruição de *habitats*. "Num mundo finito não é possível o aumento infinito da utilização dos recursos. Este penetrante estudo de longo prazo foi ignorado pelos *players* da economia, como é sabido, orientados pelo curto prazo".

Segundo Kurz (2009), na atual crise sistêmica emerge abruptamente a combinação do esgotamento dos recursos energéticos e a crise ecológica, simultaneamente, aponta para uma barreira econômica interna do modo de produção dominante. "Esta crise dupla exige uma crítica dos pressupostos econômicos do crescimento forçado, o que até hoje permaneceu mal esclarecido." Por isso surge agora a ideia de uma 'economia sem crescimento'. Com isso, seria preciso resgatar historicamente a crítica das categorias essenciais à dinâmica capitalista, que passa por:

"Resolver o problema de libertar as necessidades vitais dos sete bilhões de pessoas do planeta da lógica do crescimento abstrato, em vez de submetê-las cada vez mais, em nome da 'escassez dos recursos'".

O que se tem é a globalização dos mercados conviver com bolsões de misérias no mundo, por isso, a busca de soluções à crise sistêmica "não pode ser conseguida com mais pobreza", como consequência também do crescente desemprego estrutural principalmente nas regiões do capitalismo atrasado, por isso mesmo, com mercado de trabalho e de consumo delineado por espaços e populações engajadas cada vez mais precariamente e mais ainda excluídas.

5. PERSPECTIVAS DA CRESCENTE DESVALORIZAÇÃO SOCIAL NO BRASIL

Ao confrontar a evolução dos dados estatísticos históricos da Formação Bruta de Capital Fixo (FBCF), entendida aqui em âmbito periférico da categoria do Capital Constante ou Material, em termos da crítica da economia política, que representa os investimentos em máquinas e equipamentos, comparados à evolução dos dados da População Economicamente Ativa no mercado de trabalho (PEA Ocupada), suposta pontualmente ao nível da categoria do Capital Variável ou de mobilização de força de trabalho na economia brasileira do ano de 2002 em relação ao ano de 2017, portando decorridos 15 anos, vislumbram-se os processos contraditórios da dinâmica histórica da produção capitalista, expostos nas categorias teóricas definidas por Karl Marx. Bem como, nessa mesma perspectiva, pela contemporânea crítica teórica da dissociação-valor de Robert Kurz. O capital constante, analisado pela evolução do indicador de FBCF nacional, apresentou consistente crescimento proporcional bem superior aos números da evolução do capital variável (força de trabalho), analisado pela evolução do indicador da PEA Ocupada, que apresentou um crescimento bem inferior em relação ao crescimento do capital constante, nesse período pesquisado.

Poder-se-ia também perceber a possibilidade de abrangência desse cenário de crise econômica no que se extrai da *Sondagem Especial – Indústria 4.0*, da CNI – Confederação Nacional da Indústria.

A esse quadro acrescenta-se o agravante de estarmos diante do subdesenvolvimento de um país continental como o Brasil, para o qual os bens de capital necessários à modernização atrasada da industrialização fazem parte da pauta de importação a preços elevados do mercado global.

Enquanto, como é de domínio público, o preço da força de trabalho brasileira medido em salários aparece em níveis bem abaixo dos padrões capitalistas dos países desenvolvidos, nas condições nacionais de população numerosa e jovem, diante de um mercado interno de trabalho e de consumo restritos. Mesmo assim, a tendência, com força de lei, da evolução histórica da formação desproporcional da Composição Orgânica do Capital econômico, com a superioridade proporcional do crescimento dos investimentos em máquinas e materiais em detrimento da contida variação percentual da mobilização de força de trabalho, como vimos, apresenta-se na recente evolução da economia brasileira.

O que se passa com a reflexão crítica da sociedade brasileira, diante dessa tragédia social do desemprego e da precarização do trabalho, como consequência da recessão produtiva industrial nessa competitividade bélica do mercado capitalista globalizado?

Nos últimos anos, a produção industrial no Brasil encontra-se recessiva, variando (-) 7%, em dezembro de 2015, e (-) 1% em dezembro de 2019, cuja demanda interna vegetativa da "atualização produtiva retardatária modernizante" (Robert Kurz), nessa pressão da competitividade global de mercado, vem sendo suprida em grande medida pelas importações de máquinas e equipamentos, que apenas no ano de 2019 cresceram (+) 5,7% (IBGE, Ipea). Conforme análise veiculada pelo Ipea (Instituto de Pesquisa Econômica Aplicada):

"As exportações, em janeiro [2020], atingiram US$ 14,430 bilhões e as importações, US$ 16,175 bilhões, gerando um deficit de US$ 1,745 bilhão, o primeiro resultado negativo desde fevereiro de 2015. Em doze meses, as exportações totalizaram US$ 220,4 bilhões e as importações, US$ 177,1 bilhões, ainda um resultado superavitário. Os dados recentes apontam para uma perda de dinamismo das exportações brasileiras de dimensão semelhante à que se observou em 2014 e 2015, quando se registrou, pela última vez, deficit na balança comercial. Note-se que, em 2015, o saldo comercial se recuperou rapidamente em razão de uma queda ainda mais acentuada das importações, provocada pela recessão. Atualmente, o que se observa é uma retomada da atividade econômica, que deverá continuar a impulsionar positivamente as importações." (Nonnenberg, M.J.B. http://www.ipea.gov.br/cartadeconjuntura/ index.php/2020/02/13/setor-externo-15/)

O Indicador Ipea de FBCF – Formação Bruta de Capital Fixo, que representa os investimentos na reprodução e modernização da base produtiva, baseado no ano de 1995, no qual se supõe igual a 100 pontos, registrou em janeiro de 1996 uma queda relativa para 82,56; contudo, em dezembro de 2019 cresceu para 127,61; portanto, passados 24 anos, esse indicador de investimentos na economia nacional, que busca assegurar o posicionamento competitivo no mercado global, registrou uma média de crescimento vegetativo de 1,88 ponto ao ano.

Esse quadro recessivo da produção entrelaça-se com os processos de formação da renda nacional, na qual se destacam lucros e salários, que são relativamente reduzidos em suas massas em conjunturas recessivas. Em virtude da oposição entre esses polos, há a tendência da compressão da massa salarial em benefício da lucratividade e dos investimentos empresariais para a acumulação capitalista, nos processos de competitividade de mercado. Segundo o Ipea:

> "Cerca de 70% da alta inflacionária registrada entre as famílias mais pobres se explica pela variação de preços nos grupos de alimentação e habitação: reajuste de 8,1% nas carnes e 2,2% nas tarifas de energia elétrica (com a mudança da bandeira tarifária de verde para amarela). Os aumentos de 0,78% no preço dos combustíveis, de 4,4% nas passagens aéreas e de 24,4% nos jogos lotéricos foram os que mais pressionaram a inflação nas classes mais altas." (http://www.ipea.gov.br/portal/, 10/12/2019)

E mais:

> "Na abertura dos rendimentos por faixa de renda, observa-se que, no segundo

trimestre de 2019, as duas faixas de renda mais baixa foram as únicas a apresentar queda na comparação com o mesmo período de 2018. Por certo, enquanto as famílias de renda muito baixa registram um recuo de 1,4% nos seus rendimentos médios reais, o segmento mais rico da população aponta uma alta salarial de 1,5%, explicada, sobretudo, por um aumento mais forte da inflação nas classes de renda mais baixa, conforme o Indicador Ipea de Inflação por Faixa de Renda, impactadas pelos reajustes da energia elétrica, das tarifas de ônibus e dos medicamentos, no período em questão." (http://www.ipea.gov.br/portal/images/stor ies/PDFs/mercadodetrabalho/191101_bmt _67_mercado_de_trabalho.pdf)

Mesmo na base da demanda interna vegetativa, que força a atualização produtiva retardatária modernizante, a sua dinâmica econômica não escapa à força dos processos, em sua necessária lógica progressiva, de "acumulação de capital" (Karl Marx), segundo os paradigmas históricos das revoluções industriais, na atual fase da industrialização microeletrônica e digital, a "supressão em massa de empregos produtivos é uma fatalidade competitiva no mercado capitalista globalizado" (Robert Kurz). Pesquisa do Ipea discute esse problema socioeconômico (20/12/2019):

> "Automação pode impactar 56% dos empregos formais no país, revela pesquisa. *Estudo do Ipea avalia impacto das novas tecnologias no mercado de trabalho nos próximos cinco anos. Indicadores são apresentados no 61º Boletim Radar.* As tarefas ocupacionais do mercado de trabalho formal brasileiro poderão sofrer profundo impacto com o avanço das novas tecnologias nos próximos cinco anos. O diagnóstico faz parte do estudo inédito elaborado pelo Instituto de Pesquisa Econômica Aplicada (Ipea). A pesquisa prevê que até 56% das ocupações de emprego formal no Brasil deverão ser afetadas pelo processo de automação em decorrência das novas tecnologias, além de poderem sofrer eventuais ameaças de extinção." (http://www.ipea.gov.br/portal/)

A conclusão que fazem os pesquisadores do Ipea,

Luís Cláudio Kubota e Aguinaldo Nogueira Maciente, para esse estudo da "Propensão à automação das tarefas ocupacionais no Brasil", é a de que:

"Por meio de uma metodologia ainda não utilizada no Brasil, este trabalho confirma achados já encontrados por outros pesquisadores para o Brasil e para o mundo, que indicam que um grande percentual das ocupações do país pode sofrer, em um futuro próximo, os efeitos da difusão de novas tecnologias. Ocupações cujas tarefas são vulneráveis à automação correspondem ainda a grande parte do emprego formal do país (cerca de 56,5% do total) e, ademais, foram responsáveis por uma grande parte do crescimento do emprego nos últimos quinze anos.

Assim, o país precisa se preparar não apenas para a continuidade da substituição de algumas ocupações já em declínio, mas também para o início do declínio de ocupações que foram importantes para o crescimento do emprego nos últimos quinze anos.

Aspectos tecnológicos, contudo, não são os únicos determinantes da substituição de trabalho por tecnologias de automação. O custo relativo capital/trabalho, barreiras regulatórias, substituições entre ocupações, aumento ou redução da especialização setorial, entre outros fatores, também influenciam a velocidade da adoção de novas tecnologias, retardando, em alguns casos, a difusão de tecnologias já maduras." (*Boletim Radar* 61, 13/12/2019)

Os processos de terceirização precarizada de serviços da força de trabalho nas organizações, privadas e públicas, são consequências da reestruturação produtiva da globalização capitalista, que é marcada pela terceira revolução industrial da microeletrônica, cuja dinâmica central são os megainvestimentos financeiros bilionários, conduzidos por gigantescas corporações multinacionais, amparadas em logísticas estatais, em sistemas autônomos de máquinas automatizadas integradas a meios eletrônicos de comunicação.

Nessa reestruturação produtiva, a força de trabalho passa a ser assessória e supérflua progressivamente, diante da irreversibilidade histórica das transformações industriais capitalistas. É o que se vê no desemprego em massa, na precarização do trabalho terceirizado, na informalidade, na redução dos padrões salariais, na imigração de populações supérfluas dos mercados regionais falidos.

Toda essa tragédia social, em processos socioeconômicos autônomos e inconscientes (Marx), na lógica alucinante e obsoleta da acumulação de capital, é calamitosa ao planeta. Em pleno auge moderno do capitalismo neoliberal globalizado, no século XXI, "época das luzes racionais da valorização do homem e da natureza", segundo Robert Kurz, ocorre o contrário do propagado pelo que seria a realização da glorificação das projeções de riqueza e felicidade ao indivíduo e à sociedade liberais, na terra sonhada pelos "gigantes" teóricos da Filosofia e da Economia Iluministas, fundadores da concepção social europeia do Capitalismo entre os anos de 1600 e 1800.

Ao contrário de esperanças ideológicas pós-modernas, parece urgente a necessidade da discussão, consciente e crítica, das causas dessa tragédia social capitalista, que se agrava historicamente, para se alcançar a compreensão e sistematização de um novo paradigma da organização social, que assegure e promova a dignidade da vida humana e da preservação da natureza.

Dessa maneira, estaríamos diante dos condicionantes de competição empresarial, que devem seguir os padrões tecnológicos e de produtividade praticados em nível global da produção capitalista, pela necessidade de se assegurar lucratividade suficiente à acumulação do capital, bem como à continuidade ou sobrevivência dos empreendimentos produtivos em mercados regionais. Esse seria o paulatino movimento histórico da desproporcionalidade entre a superior formação do capital constante sobre o capital variável, tendo como consequência a formação do desemprego estrutural no mercado globalizado. Entretanto, o capital variável é trabalho vivo no processo de produção, o elemento que agrega valor e gera seu excedente, a mais-valia, que é a origem do lucro. Com essa desproporção, cairia no longo prazo a taxa de lucro global, e com essa queda de lucratividade emergiriam as crises cíclicas da produção capitalista (K. Marx).

Considerando a tendência histórica inelutável da *Lei de queda tendencial da taxa de lucro* (Marx), poder-se-á ver o aguçar da violência, subjetiva e objetiva, dos agentes que promovem a compulsiva alienação social negativa neoliberal, essencialmente do modo de produção capitalista, que cultua a indomável e insubstituível lei da competitividade concorrencial empresarial, constituída por múltiplas ações produtivas atomizadas, em razão direta da lucratividade pela acumulação de capital monetário nos espaços globalizados na lógica da valorização do valor-trabalho. A lógica sistêmica contraditória desse movimento histórico de corrosão dos mecanismos da produção capitalista, segundo Robert Kurz, seria a redução relativa e absoluta de mobilização de força de trabalho, a ser substituída progressivamente por sistemas eletrônicos autônomos de maquinarias e processos robotizados, na atual era da produção globalizada da microeletrônica e da internet, fator esse que implicaria na constituição do desemprego estrutural irreversível, e com isso, na redução absoluta da lucratividade empresarial, e por fim, na inviabilidade da valorização do valor-trabalho, como limite interno histórico do modo de produção capitalista.

O que se discute na crítica teórica – segundo Karl Marx e Robert Kurz – do sistema socioeconômico capitalista, por ser fetichista e dinâmico em seu evolver

social, é a atual fase de seu "limite absoluto histórico",
definido essencialmente pela "desvalorização do valor-
trabalho", tendo em vista a revolução industrial da
microeletrônica e automação da produção (Kurz). Nesse
caso, corroborado pelos fatos contemporâneos noticiados
nos meios de comunicação mundial, do registro da massa
crescente de trabalhadores desempregados e supérfluos.
Assim como, pelos estouros das bolhas da especulação
financeira, que são constituídas na base da lucratividade
artificial de emissão estatal de moedas e endividamento,
e valorização de títulos e papéis empresariais. Esta
mesma especulação financeira é constituída pelo mesmo
fator da "decrescente massa de trabalho empregado não
produzir mais-valia (lucro) suficiente para acumulação de
capital" (Marx), ou mesmo, e fundamentalmente, uma
"redução absoluta da lucratividade" (Kurz).

Haveria, nessa discussão da crítica teórica, uma
abertura de saída à sociedade global, que fique distante
da barbárie social – do desemprego massivo, de guerras e
atos terroristas que devastam comunidades e regiões –,
qual seja, a superação do Capitalismo (Marx), de seu
sistema categorial patriarcal alienante, fetichista e

dinâmico, dominante e explorador, que se encontra em acelerado processo histórico (por décadas) de desvalorização socioeconômica e de devastação ambiental (Kurz); por uma outra e completamente oposta socialização subjetiva e material, essencialmente consciente e crítica pelo conhecimento e pela *práxis* em sua reprodução social e adaptação ecológica.

REFERÊNCIAS

ARRIGHI, Giovanni (1996). *O longo século XX – dinheiro, poder e as origens do nosso tempo*. São Paulo: Contraponto & Editora Unesp.

BANCO MUNDIAL – Dados (The World Bank Data): https://data.worldbank.org/indicator/NY.GDP.MKTP.PP.K D, pesquisa em 12/11/2017.

BETHLEM, Agricola (2004). *Estratégia empresarial: conceitos, processo e administração estratégica*. São Paulo: Atlas.

CANO, Wilson (2012). A desindustrialização no Brasil. *Texto para Discussão*. Campinas-SP: *IE/UNICAMP*, n. 200, janeiro.

CHANCELLOR, Edward (2001). *Salve-se quem puder – uma história da especulação financeira*. São Paulo: Companhia das Letras.

CHAVES, Wagner Rocha Arruda (1999). *Subdesenvolvimento na América Latina: atualidade dos fundamentos do pensamento econômico das décadas de 1950-1960*. Dissertação de mestrado [não publicada]. São Paulo: PUC – Pontifícia Universidade Católica de São Paulo.

CHESNAIS, François (Coord.) (1998). *A mundialização financeira: gênese, custos e riscos*. São Paulo: Xamã.

CNI – Confederação Nacional da Indústria. (Abril 2016). *Sondagem Especial – Indústria 4.0*. ISSN 2317-7330. Brasília: Ano 17, Número 2.

(http://arquivos.portaldaindustria.com.br/app/cni_
estatistica_2/2016/05/16/217/SondEspecial_Industria4.0
_Abril2016.pdf)

DAL ROSSO, Sadi (2008). *Mais trabalho! : a
intensificação do labor na sociedade contemporânea*. São
Paulo: Boitempo.

FURTADO, Celso (1976). *A economia latino-americana*.
São Paulo: Companhia Editora Nacional.

FURTADO, Celso (1987). *Transformação e crise na
economia mundial*. São Paulo: Paz e Terra.

FURTADO, Celso (1998). *O capitalismo global*. São Paulo:
Paz e Terra.

GASPARI, Elio (2003). *A ditadura derrotada*. São Paulo:
Companhia das Letras.

GIAMBIAGI, Fabio, ANA, C. A. (2008). *Finanças públicas – teoria e prática no Brasil*. Rio de Janeiro: Elsevier.

IBGE – Instituto Brasileiro de Geografia e Estatística. *Banco de dados Séries Históricas e Estatísticas*, *http://www.ibge.gov.br/home/estatistica/indicadores/pib/pib -vol-val_201601_8.shtm*, consulta 06-17/06/2016.

IBGE – Instituto Brasileiro de Geografia e Estatística. (2011). *Análise dos principais resultados das contas nacionais*. Rio de Janeiro: IBGE.

IPEA – Instituto de Pesquisa Econômica Aplicada. http://www.ipea.gov.br/portal/, 10/12/2019.

IPEA – Instituto de Pesquisa Econômica Aplicada. http://www.ipea.gov.br/portal/, 20/12/2019.

IPEA – Instituto de Pesquisa Econômica Aplicada. http://www.ipea.gov.br/portal/images/stories/PDFs/merca dodetrabalho/191101_bmt_67_mercado_de_trabalho.pdf.

IPEA – Instituto de Pesquisa Econômica Aplicada. KUBOTA, Luís Cláudio & MACIENTE, Aguinaldo Nogueira. *Boletim Radar* 61, 13/12/2019.

KRUGMAN, Paul (2009). *A crise de 2008 e a economia da depressão*. Rio de Janeiro: Elsevier.

KURZ, Robert (1992). *O colapso da modernização: da derrocada do socialismo de caserna à crise da economia mundial*. Rio de Janeiro: Paz e Terra.

KURZ, Robert (1997). *Os últimos combates*. Petrópolis-RJ: Vozes.

KURZ, Robert ([2012] 2014). *Dinheiro sem valor – linhas gerais para uma transformação da crítica da economia política*. Trad. Lumir Nahodil. Lisboa – Portugal: Antígona.

KURZ, Robert (2015). *Poder mundial e dinheiro mundial – crônicas do capitalismo em declínio*. Rio de Janeiro: Consequência Editora.

MARX, Karl ([1890] 1988). *O capital – crítica da economia política*. Vol. IV. Livro 3º. São Paulo: Nova Cultural.

MARX, Karl ([1890] 1988). *O capital – crítica da economia política*. Vol. V. Livro 3º. São Paulo: Nova Cultural.

MELMAN, Seymour (2002). *Depois do capitalismo – do gerencialismo à democracia no ambiente de trabalho: história e perspectivas*. São Paulo: Futura.

NONNENBERG, M.J.B. http://www.ipea.gov.br/cartadeconjuntura/index.php/202 0/02/13/setor-externo-15.

SANTOS, Milton, SILVEIRA, M. L. (2002). *O Brasil: território e sociedade no início do século XXI*. Ed. 4ª. Rio de Janeiro: Record.

SCHOLZ, Roswitha (julho 2013). *Capitalismo – Economia – Crise*. Revista online EXIT! nº.11 (http://www.obeco-online.org/roswitha scholz17.htm).

SCHOLZ, Roswitha (2014). *Homo sacer e os ciganos – o anticiganismo, reflexões sobre uma variante essencial e por isso esquecida do racismo moderno*. Lisboa – Portugal: Antígona.

STIGLITZ, Joseph E. (2010). *O mundo em queda livre – Os Estados Unidos, o mercado livre e o naufrágio da economia mundial*. São Paulo: Companhia das Letras.

VALOR ECONÔMICO. http://www.valor.com.br/empresas/, consulta em 24/02/18.

WALLERSTEIN, Immanuel ([1995] 2002). *Após o liberalismo – em busca da reconstrução do mundo*. Petrópolis – RJ: Vozes.